나의 꿈을 탐하라

나의 꿈을 탐하라

찍은날·2015년 6월 1일
펴낸날·2015년 6월 5일

지은이·이연우
펴낸이·임형오, 김순일
편   집·최지철
디자인·이선화, 김아영
펴낸곳·미래문화사
등록번호·제2014-000151호
등록일자·1976년 10월 19일
주소·경기도 고양시 덕양구 삼송로 139번길 7-5, 1F
전화·02-715-4507 / 713-6647
팩스·02-713-4805
전자우편·mirae715@hanmail.net
홈페이지·www.miraepub.co.kr

ISBN 978-89-7299-437-4 03320

나의
꿈을
탐하라

저자 **이연우**

미래문화사

힘겨운 청춘에게
어떤 말을 해줄 수 있을까?

그리스 시대에 건설된 도시인 시라쿠사 거리에는 기괴한 조각상이 하나 있다. 이 조각상의 앞이마는 머리카락이 무성하고 뒤로는 대머리인 데다 등과 발뒤꿈치에는 날개가 달려 있다. 이 조각상의 주인공은 제우스의 아들 카이로스인데 조각상 아래에는 다음과 같은 글이 새겨져 있다.

"내 앞머리가 무성한 이유는 사람들이 나를 금방 알아차리지 못하게 하려는 것이다. 또한 나를 발견했을 때는 쉽게 붙잡을 수 있도록 하기 위함이다. 뒷머리가 대머리인 이유는 나를 한 번 놓치면 다시 붙잡지 못하도록 하기 위함이며, 어깨와 발뒤꿈치에 날개가 달린 이유는 최대한 빨리 사라지기 위함이다. 내 이름은 카이로스, 바로 '기회'이다."

한 번 놓치면 붙잡을 수 없는 기회에 대한 이야기다. 그대도 자신에게 기회가 오면 도망가지 않도록 앞 머리채를 꽉 붙잡아야 한다.

흔히 인생을 살다 보면 절호의 기회가 반드시 3번 정도는 온다고 말한다. 현명한 사람은 그 기회를 잘 붙잡아 삶을 성공적으로 이끌지만 우둔한 사람은 그것이 기회인 줄 조차 모른다.

하지만 기회라는 것은 3번이 아니라 불쑥불쑥 자주 찾아온다. 자신을 돌아보고 주변을 살피면서 생활하면 소중한 기회들이 찾아오는 행운을 자주 맛볼 수 있다. 하지만 대부분의 사람들은 그것이 기회라고 여기더라도 게으르거나 용기가 없어 미뤄버리고 나중에 후회한다. 기회는 아주 슬그머니 찾아왔다가 금세 날아가 버리기 때문에 뒤늦게 알아차려도 대머리인 뒷머리를 잡을 수 없다. 생활하면서 늘 깨어 있어야 한다. 준비가 되어 있으면 다시 기회가 왔을 때 무성한 앞 머리카락을 쉽게 움켜쥘 수 있는 것이다.

나는 오랜 공직생활로 많은 후배들을 만났다. 100:1 가까운 경쟁률을 뚫고 들어온 후배들과 함께 근무하다 보면 때로는 경탄을, 때로는 안타까움을 금치 못했다. 후배들은 내가 했던 공부보다 훨씬 많이 해서인지 프레젠테이션도 잘하고, 엑셀이나 파워포인트 다루는 솜씨도 뛰어나다. 자신들의 고과 점수와 관련된 교육은 척척 알아서 잘 받을뿐더러 SNS 소통도 빠르게 대처할 줄 안다.

이렇듯 지식 면에서는 탁월하지만 직장상사나 동료와의 관계에 있어서는 부족함이 많았다. 혼자 하는 공부엔 익숙하나 여럿이 함께하는 일이나 관계에 대한 지혜는 아직 배워야 하는 진행형인 것이다. 책을 쓰고 수많은 강연을 통해 많은 사람들을 만났는데 한결같이 인간관계에 대한 어려움을 토로했다. 또한 이 눈치 저 눈치 보느라 시간 관리나 자기계발을 하지 못하는 이들이 많았다. 이 책은 그런 어려움에 갈피를 못 잡고 사회생활에 열병을 앓는 후배들과 직장 초년생, 그리고 사회로 나갈 준비를 하는 사람에게 기회를 알아볼 수 있는 혜안을 기르는 데 도움을 주기 위해 쓰었다.

직장생활 하면서 일 잘하는 것은 기본이다. 그러나 일만 잘해서는 사회생활에 성공할 수 없다. 직장생활은 성과를 내야 하고 상황마다 정답이 없이 수없이 많은 경우의 수가 존재하여 자칫하다간 판단 미스로 좌절하기 쉽고, 많은 사람들과 협업하면서 인간관계 문제로 물과 기름처럼 잘 섞이지 못하는 경우도 생기기 때문이다.

청춘은 아프다고 하지만 내가 보기엔 아픈 청춘은 그래도 생각이 있고 발전 가능성이 충분히 있는 청춘이다. 직장생활을 조금 더 했던 인생 선배로서 어떻게 하면 좀 더 행복한 직장생활을 할 수 있을까 고민했다.

스티븐 리콕Stephen Leacock은 이렇게 말했다.

"우리의 짧은 인생의 진행은 참으로 이상하다. 아이들은 '내가 크면'이라고 말하지만 큰 아이가 되면 이렇게 말한다. '어른이 되면', 그다음

어른이 되면 이렇게 말한다. '내가 결혼하면', 그러나 결혼하고 나면 결국 어떻게 되는가? 또다시 '내가 은퇴하면'이라는 말을 할 것이다. 그러고 나서 은퇴 시기가 다가왔을 때, 그는 살아온 풍경을 되돌아보겠지만 찬바람만 불 것이다. 어쩌다 보니 그는 시기를 놓쳤고 모든 것이 다 사라져 버렸다. 인생은 삶 속에 있고 매일 매시의 연속 안에 있다는 사실을 우리는 너무 늦게 깨닫게 된다."

예전의 나는 그저 평범한 공무원이었는데 지금은 내 꿈을 실현해 나가는 비범한 공무원이란 소릴 듣는다. 일터를 꿈 터로 생각하고 그 속에 그렸던 꿈을 향해 하나씩 색칠해가면서 내 의식은 엄청나게 확장되었다. 내 꿈은 21세기를 주도할 젊은이들이 자신만의 꿈과 비전을 발견하여 가슴 뛰는 삶을 살게 돕는 일이다. 현재 내 아이들은 초등학교 3학년, 중학교 3학년, 고등학교 3학년이라 미래의 젊은이들에게 유독 관심이 간다. 거실에 나의 비전을 액자로 만들어 걸어두었다. 벽에는 아이들과 꿈의 지도를 만들어 붙여 두고 매일 들여다본다. 갈수록 붙일 것이 늘어난다. 아이들도 아기자기하게 그림도 그리고 글씨도 써넣는다.

내게 무척이나 많은 변화가 있었던 것에 대해 스스로 깜짝 놀랄 때가 있다. 3년 전에 노트에 써 둔 '내 이름으로 된 개인 저서를 갖고 싶다.'라는 것을 현실로 이루면서 내 인생을 다시 디자인하게 됐다. 내 인생의 로드맵을 새로 작성한 것이다. 그전에는 그저 뭔가 바쁘기만 했지 뚜렷한 목표가 없었다. 부끄럽게도 은퇴 후 어떻게 살아야 할지 생각도 해보지 않았다. 먼 미래라고 생각하면서 미리 생각하는 것을 귀찮아 한 것이다. 연금 나오면 그럭저럭 살 수 있겠다는 막연한 생각으로 살아왔다. 그런데 내면에 있는 것을 밖으로 끌어내고 보니 나에게 엄청난 꿈과 목표가 있었던 것이다! 내 스스로도 깜짝 놀랐다. 구체적 연도까지 어떻게 살아야겠다는 로드맵을 작성하고 보니 나에게 주어진 오늘 하루가 정녕 소중하고 감사한 마음이 들었다. 밝게 잘 자라주는 아이들이 감사하고, 가정에 충실한 남편도 감사하다. 매일 출근하는 직장이 있다는 것에 감사하고, 직장도 걸어서 출퇴근할 수 있는 곳이라서 감사하다. 집 가까이 산과 공원이 있는 것에 감사하고, 세수도 않고 나가 편하게 커피 마실 수 있는 황인주라는 동네 벗이 있음에 감사하다. 주변에 꿈꾸는 친구들이 많아 좋은 에너지를 받을 수 있어 감사하다. 나의 의지를 꺾는 부정적인 말을 하는 사람이 없어 감사하다. 무엇보다 매일 이렇게 깊이 감사하는 마음을 가지는 것에 더욱 감사하다. 세상이 아무리 험하다 해도 아직은 좋은 사람이 훨씬 많다는 것에 늘 감사하다.

많은 사람들이 보는 직장인은 축 늘어진 어깨, 살벌한 생존경쟁, 목숨 건 승진, 고된 행군만을 이야기한다. 그러나 직장생활, 그렇게 험난하지만은 않다. 모든 것은 자신의 이기심에서 비롯된다. 조금만 손해 본다 생각한다면 결국 자신에게 돌아오는 것은 손해가 아니라 이익이다. 월급만 받아가는 직장인이 아니라 사회에 선한 영향력을 끼칠 수 있는 그런 사명감을 가진 직장인이 되기를 바란다. 자신만의 독특한 네임 브랜딩으로 또 다른 파이프라인을 구축한다면 직장생활은 물론이고 다양한 분야에서 두각을 나타낼 것이다. 관중석이 아닌 경기장에서 뛰면서 상황을 주도적으로 변화시키는 역동적이고 살아 숨 쉬는 멋진 직장인이 되는데 이 책이 조금이나마 도움이 되었으면 한다.

사회에 첫발을 디딘 여러분을 격하게 응원한다.

2015년 여름의 문턱에서

이연우

차례

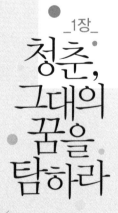

_1장_
청춘,
그대의
꿈을
탐하라

삶은 운명이 아니라 도전이다

_3장_
인간 관계에 대한 조언

_4장_
품격은
내
스스로
만든다

눈 부 신 당 신 이 빛 을 잃 지 않 기 를

_1장_

청춘,
그대의
꿈을
탐하라

17.
65

야심차게
큰 목표를 세우자

시도 했는가? 실패 했는가?
괜찮다 다시 시도하라. 다시 실패하라.
그리고 더 나은 실패를 하라.

·사뮈엘 베케트·

세상에는 야심차게 큰 목표를 세우고 남들과는 다른 삶을 살아가는 사람과 달성하기 쉬운 작은 목표를 세우고 도달했다고 만족하며 사는 사람이 있다. "이제 직장도 들어왔으니 직장에 충실하면서 살아야지!"라고 생각하는 사람과 "이제 직장도 들어왔으니 내가 이 직장에 무엇을 기여할 수 있는지 생각해야지. 그리고 내 자신의 미래를 위해 깊이 고민해야겠다."라고 다짐한 사람의 나중 결과는 큰 차이가 있다. 직장에 입사한 것이 목표인 사람은 다른 목표가 없어 정체되어 있지만 원대한 목표가 세워져 있는 사람은 더 높은 곳에 도달해 있다.

원대한 목표가 더 좋은 결과를 낳는 이유

전 미국 백악관 국가장애위원회 정책차관보를 지낸 강영우 박사는 이렇게 말하고 있다.

"우수한 성적으로 하버드대에 가는 한국 학생의 낙제 비율이 가장 높다는 것을 아십니까? 왜 이런 결과가 나왔는가를 조사한 학교 측은 한국학생들에게는 장기적 목표가 없기 때문이라는 결론을 내렸습니다. 학생과 학부모 모두 대학에 들어가는 것 자체를 목표로 하다 보니 대학에 입학하고 나서는 목표가 사라져버린 것입니다.

링컨Abraham Lincoln의 어머니는 어려운 시기에 더 좋은 세상을 만드는 꿈을 지켜나가는 방법을 아들에게 심어줬고, 레이건Ronald Reagan의 모친 역시 오늘의 실패가 내일의 성공이 될 수 있다는 희망의 가치관을 심어줬습니다. 그것이 바로 성공의 가장 큰 조건입니다."

대학이 목표가 되고, 직장이 목표가 된 이들이 너무 많다는 것이다. 이탈리아의 화가이자 조각가이며 건축가였던 미켈란젤로Michelangelo Buonarroti는 "목표를 지나치게 높게 잡아 그 목표를 달성하지 않는 것보다, 목표를 지나치게 낮게 잡아 무난히 달성하는 것이 더 위험한 법이다."라고 했다. 생각하기엔 낮은 목표부터 차근차근 도달해도 되지 않을까? 라고 반문할 수도 있겠지만 평생 동안 커다란 성공을 거두지 못한 사람의 대부분은 그들 스스로 커다란 목표를 세우지 않았기 때문이다. 과감하고 야심 찬 목표를 세우지 못하는 이유는 무엇일까? 실패가 두려워서? 주변에서 허황되다고 할까 봐서? 설마 하기 싫고 귀찮아서 그렇지는 않을 것이다. 컴퓨터 기술의 선구자이자 인텔의 공동 설립자인 고든

무어Gordon Moore는 "시도하는 일마다 성공한다면 당신이 그만큼 열심히 노력하지 않는다는 의미다."라고 했다. 성공은 작은 목표를 세우고 달성하는 것이 아니라 불가능하리만치 커다란 목표를 세우고 모험을 감행하는 것이다.

사람은 누구나 실패를 경험하고 좌절을 맛본다. 크게 성공한 사람일수록 더 큰 실패를 경험하고 장애물을 만난다. 그러나 많은 이들이 이런 좌절을 맛보고 포기하지만 성공하는 사람들은 결코 포기라는 단어를 모른다.

체스 챔피언 가리 카스파로프Garry Kasparov는 이렇게 말했다. "장기적인 목표 없이 경기를 하다 보면 상대방을 막아내는 데 급급한 수만 두다가 결국에는 내가 주도하는 경기가 아닌 상대방에 끌려다니는 경기를 하게 된다. 근시안적으로 이리저리 움직이다 보면 정말 성취해야 할 목표에 집중하는 대신 경로에서 이탈하고 눈앞에 있는 그럴듯한 목표에만 사로잡히는 결과가 나타난다."

무모한 목표를 세웠던 사나이

오스트리아에서 아메리칸 드림을 꿈꾸던 10대 소년이 있었다. 다른 친구들은 연금을 받기 위해 공무원이 되고자 했으나 그는 높은 명성과 성공에 대해 생각했다. 소년은 미국에 관한 특집 기사나 정보를 닥치는 대로 수집했고 온통 미국 이야기만 했다. 그는 청소년 시절 이미 세계 최고의 보디빌더가 되겠다고 다짐했다. 그는 팔이 아파 자기 머리조차 빗지 못할 정도로 연습했다. 부모님은 아들이 보디빌더가 되는 것을 원치 않았다. 하지만 그는 부모의 반대에도 불구하고 흔들리지 않고 이렇게 말했다.

"세계에서 가장 몸이 좋은 사람이 될 겁니다. 그런 다음 미국 할리우드에 진출하여 영화에 출연할 거예요."

1968년 9월 보디빌딩 경연대회에 참가하러 미국으로 갔다. 그러나 그는 패하고 만다. 엄청난 충격에 사로잡힌 그는 밤새 울면서 자신이 왜 패했는지를 생각했다. 그리고 자신의 약점을 체계적으로 개선해 나갔다. 약점인 종아리 근육을 키워나간 것이다. 이후 그는 보디빌딩 타이틀을 모조리 거머쥐기 시작했다. 13차례나 세계 보디빌딩 챔피언이 되었으며, 보디빌딩 계에서 가장 권위 있는 '미스터올림피아'에서 8승을 거두었다.

그는 보디빌더로 성공하고 나서도 또다시 다른 목표에 도전했다. 영어를 거의 못한 그는 영어 교습을 받으면서 치열하게 공부했고 학위도 땄다. 그는 돈을 버는데 관심이 많아 30세가 되었을 대 이미 100만 달러의 부자가 되었다. 남부 캘리포니아에서 가장 잘 나가는 부동산 개발업자로도 유명했다.

그러나 그는 거기에 만족하지 않았다. 할리우드에서 가장 높은 출연료를 받겠다는 원대한 목표를 갖고 다시 도전장을 내밀었다. 하지만 주변에서는 보디빌더의 우락부락한 몸매에다 억양도 이상한 영어 때문에 성공하기는 힘들 것이라고 했다. 그는 연기 교습을 받았다. 결국 그는 할리우드 액션 영화배우가 되었다.

그가 바로 〈터미네이터〉의 주인공 아널드 슈워제네거Arnold Schwarzenegger다. 이후 코미디 영화 〈트윈스〉가 성공하면서 일약 슈퍼스타의 반열에 올랐다. 이렇게 자신이 설정한 목표를 하나씩 이루어 가면서 그는 또다시 목표를 세웠다. 이미 보디빌더를 할 때부터 정치할 야심을 키우고 있었던 것이다. 2003년 그는 캘리포니아 주지사 선거에 출마했다. 여러 악재로 여기저기 언론매체에서 그를 공격했지만 그는 48.6퍼센트의 득표로 쉽게 승리했다.

아널드 슈워제네거의 다음 목표는 무엇일까? 그의 전기를 쓴 나이절 앤드루스Nigel Andrews는 "평범한 삶이라는 개념 자체를 증오했다."고 말했다. 슈워제네거는 "삶의 의미는 단지 존재하는데 있는 것이 아니라 앞으로 나아가고 상승하며 달성하고 정복하는 데 있다."라고 했다. 그는 또한 "사람들 대부분 '이 목표를 이루면 좋지'라며 조건법적으로 생각하고 목표를 추진하려 한다. 하지만 그런 생각으로는 어림도 없다. 정신적으로 엄청난 집중력을 목표에 쏟아 부어야 한다. 목표를 이루기 위해 모든 조치를 취해야 한다."라며 목표를 추구할 때의 결단력과 집중력이 성공의 비결이라고 말했다.

안일해졌다면 목표를 수정해야 할 때

사람은 누구에게나 자기실현 욕구가 있다. 회사와 자기실현이 일치가 되면 최고의 직장이겠지만 현실은 녹록지 않다는 것을 여러분도 알 것이다. 보이는 것이 전부가 아니듯 입사 전 바라본 직장과 직접 부딪혀 생활하는 직장은 사뭇 다르다는 것을 알 때까지 그리 오래 걸리지 않는다.

지인 J는 28살의 건강한 청년이다. 언변도 좋고 목소리도 좋고 대학에서 경영학을 전공한 우수한 인재다. 처음에 진학한 대학이 자신의 적성과 맞지 않아 캐나다로 어학연수를 다녀왔다. 그 후 군대를 다녀와서 다시 수능을 보고 경영학과에 입학했다. 그러다 보니 다른 친구들에 비해 다소 늦게 졸업을 한 감이 없지 않았지만 다행히 졸업과 동시에 취직을 했다. 그 간 어학연수, 두 번의 대학 생활은 부모님의 도움으로 별 어려움 없이 공부할 수 있었다. 취직 후 5개월 만에 얼굴을 보게 되었는데 깜짝 놀랐다. 얼굴빛은 십 년 직장생활 한 듯이 피곤해 보였고 그 자신감 넘치던 목소리나 기운은 어디로 가고 만나던 내내 푸념이었다. 그러면서 하는 말이 "부모님께 용돈 받아 쓸 때는 몰랐는데 제가 직접 돈을 벌다 보니 직장에서 월급을 그냥 주는 것이 아니더군요. 월급 주는 만큼 일을 원하네요. 사회에 직접 나와 보니 어쩔 땐 겁납니다."

나는 J에게 폴 마이어Paul J. Meyer의 《아름다운 도전》이란 책을 한 권 선물해 주었다. 입사 일 년도 안 된 파릇파릇한 청년의 어깨가 너무 무겁게 보였다. 그의 성격상 회사 업무를 야무지게 처리하리라는 것을 믿는다. 그러나 입사할 때 과연 자신이 진정으로 좋아하는 일을 찾아서 한 것인지는 의문이다. 인생의 로드맵을 작성하고 커다란 꿈을 가지고 입사했다면 그렇게 힘든 표정은 아니었을 것 같다.

여러분의 꿈은 어떠한가? 아널드 슈워제네거처럼 야심 찬 꿈을 가지고 자신의 한계에 도전하고 있는가? 그저 월급날만을 기다리는 인생을 살고 있지는 않는가? 출근해서 점심시간을 기다리고, 점심 먹고 퇴근 시간만을 기다리는 그저 그런 일상을 보내고만 있지는 않는가? 퇴근 후 직장 상사나 동료의 뒷담화로 술잔을 기울이는 하루를 보내고 있지는 않는가? 소박한 목표 하나 정해두고 달성했다고 만족하고 있지는 않는가? 그러나 돈을 벌기 위한 입사만을 위해 들어왔다면 그 기쁨은 잠시다. 신입 사원 시절 몇 개월은 훌쩍 지날 것이고, 일이 년은 직장 언어와 업무에 적응하느라 금방 지난다. 삼사 년 차 되면 직장에 적응도 했겠지만 뭔가 모를 불안감이 스멀스멀 올라올 것이다.

[왜 공무원을
좋아하는 직업이 아니라 안정적인
직업으로만 생각하는 걸까]

당신이 아무리 올바른 길 위에 서 있다고 해도
제자리에 가만히 있는다면 어떤
목표도 이룰 수 없다.

· 랄프 왈도 에머슨 ·

나는 공무원이다. 공무원公務員의 사전적 의미는 '국가 또는 지방 공공 단체의 사무를 맡아보는 사람'이다. 사무 범위에 따라 국가 공무원과 지방 공무원으로 나뉘는데 나는 서울시 지방공무원이다. 비슷한 말로는 공인, 공복公僕, 공직자公職者란 말이 있는데 우린 대부분 공직자란 말을 쓰고 있다. 공무원의 종류가 다양하지만 나는 가장 많은 직렬인 일반 행정직 공무원이다. 어느 날 중학생 아들이 시사 잡지를 보더니 큰소리로 나를 부른다.

"엄마, 이것 좀 보세요."

"오냐, 뭔데 그러냐?"

"청소년들의 희망 직업 1순위가 공무원이래요. 오, 엄마! 대단해요."

하면서 엄지손가락을 치켜세운다. 그렇다. 언젠가부터 청소년들과 취업대상자의 희망 1순위로 떠오른 공무원! 그런데 정작 근무하고 있는 우리 공무원들은 그 정도의 자부심을 가지고 있는가는 의문이다. '공직자가 바로 서야 나라가 바로 선다.'라는 말이 있듯이 우리 공무원이 당당하고 자신감이 있어야 하는데 공무원 스스로는 자존감이 그다지 높지 않은 것 같다. 공무원들에 대한 사회적 시각도 그렇게 탐탁지 못하다. 아마도 이것은 사회 전반적인 분위기 때문일 것이다.

요즘 많은 공시족(공무원시험 준비생)들은 공무원이 되고 싶어 회색 하늘 아래인 노량진 학원가에서 머리 싸매고 공부한다. 예전에는 하다하다 안 되면 "공무원 시험이나 봐야겠다.", "선생질이나 해야겠다." 이런 식으로 말을 했던 적도 있었는데 '~이나, ~질이나'의 수준이 하늘을 찌르고 있다. 그러나 공무원이 희망 직업의 1순위임에도 아직도 공무원 보는 눈은 따갑다. 직장으로 좋다는 말을 하면서도 정작 공무원을 보는 눈높이는 낮기만 하니 씁쓰름한 기분을 떨칠 수가 없다.

내가 공무원 시험 볼 때만 해도 20:1로 지금처럼 경쟁률이 높지 않았다. 그러나 그 당시엔 실질적으로 시험을 치를 사람들이 응시를 했기 때문에 지금처럼 허수는 많지 않았다. 2013년 9월 서울시 일반 행정직 공무원 경쟁률이 87:1이었다. 2014년 6월 행정직 9급 공무원 경쟁률이 103.9대1이었다. 갈수록 공무원 시험은 치열해진다. 하지만 실제는 50퍼센트의 결시 율을 웃도는 상황이다. 한 교실에 30명 정원인데 몇 차례 감독을 가보니 항상 14~15명 정도로 거의 절반 정도만 시험에 응시한다. 아마도 당시에는 '공무원 시험이나 보자!'라는 안일한 생각으로 접수해놓고 정작 시험 당일엔 자신 없어 결석하는 이들 때문이 아닐까?

공직자가 바로 서야 나라가 바로 선다

여기저기 책에서는 자기가 좋아하는 일을 하고 가슴 뛰는 일을 해야 행복하다는 말을 한다. 그러면서도 우리나라 청소년들의 희망 직업 1순위가 공무원으로 꼽힌다는 데 대해 부정적으로 말한다. 왜 공무원을 자기가 좋아하는 직업이 아니라 그저 안정적인 직업으로만 생각하는 걸까? 나는 그런 말을 들을 때면 힘이 빠진다. 물론 경제가 어렵고 청년 취업난이 심각한 상황에서 안정적인 공무원을 선호할 수 있다. 그러나 단지 안정적인 것 때문에 공무원을 선호해서는 안 된다. 공무원이 '철밥통'이란 말은 이제 옛말이다. 주민을 위해 하는 일이 너무 많다. 특히 기술직이나 희소 직렬은 업무가 다소 전문적이지만 나처럼 일반 행정직은 어느 부서에 발령 나더라도 다 해야 하는 상황이다.

일반 행정, 사회복지, 건축, 도로, 치수방재, 교육, 문화, 교통, 재무, 제설, 수방, 환경, 청소, 일자리 등등 수도 없이 많다. 그래서 나는 공무원 스스로 사기진작을 해야 한다고 본다.

싱가포르는 '공무원은 최고 엘리트이고 공무원이 청렴해야 나라가 일어선다.'는 국가 운영 철학을 갖고 있다. 따라서 최고의 대우를 받는 공무원들은 자긍심이 대단할 것이고 자존감도 높을 것이다.

다른 사람들이 아무리 '공무원이나~' 해도 나는 스스로 내 직업을 자랑스럽게 생각한다. 공무원 초년시절에 들은 이야기가 생각난다. 지금은 무단으로 부착된 불법 광고물을 공무원들이 직접 떼러 다니는 경우가 거의 없다. 그러나 나의 공무원 초년 시절에는 수시로 전봇대에 무단 부착된 불법 광고물을 떼러 돌아다녔다. 그때 어느 부모가 자녀에게 "애야, 너 공부 못하면 저 사람처럼 저런 거 떼러 다닌다."라는 말이 유행했다. 당당하게 공채로 들어왔는데 그런 말을 들었을 때는 스스로 자존감이 낮아지는 걸 느꼈다. 치열하게 공부해서 공무원 시험에 합격했기에 내 직업에 자부심을 가지고 최선을 다해 근무해야 함에도 주변 여건은 녹록지 않았다.

　내가 처음 발령받은 곳은 동 주민센터였는데 인감증명서 발급 담당이었다. 온종일 인감증명서를 발급하고 하루를 마감하면 녹초가 될 지경이었다. 지금은 인감도 어느 곳에서나 발급이 가능하고 전산화가 되어 편리하지만 그때만 해도 인감증명서를 발급하는 것은 상당한 위험부담을 안고 봐야 하는 업무였다. 인감도장을 가져와 발급요청을 하면 조그맣게 자른 비닐에다 도장을 찍어 대조한다. 대조한 인감을 인감증명서에 찍고, 대장에 기록한다. 비닐에 도장을 찍어 대조한다지만 육안으로 하기 때문에 가끔 의심 가는 경우도 있다. '이 도장이 맞나? 옆이 좀 비집어 나와 아닌 것 같은데?'라는 생각이 들면 몇 번이고 찍어서 맞춰 보곤 했다. 오래된 인감도장은 좌우가 훼손되어 도장을 찍어도 중간만 찍히고 형체가 흐트러진다. 행여 부동산 매도용일 경우엔 글자 한자 틀리면 안 되므로 각별히 신경을 써야 한다. 매수인 인적사항도 정확한지 봐야 하고 행여 오타가 나면 다시 쓰거나 직인으로 정정했다.

'나는 인감 한 통 뗄 일이 없었는데 왜 그렇게 인감을 많이 떼러 오시지? 대체 이 인감을 어디에 쓰시나?'라는 생각이 참 많이 들었다. 민원인은 항상 줄을 섰고, 신분증을 받고 인감대장 보관 장소에 가서 인감대장을 찾느라 앉았다 섰다를 수십 번 반복했다.

당시 신규로 들어온 직원 한 명은 "나 이런 거 하려고 공무원 들어온 거 아니야!"라며 박차고 나갔다. 온종일 발급한 인감이 수백 통을 웃돌았다. 잠자리에 누우면 빨간 인주부터 인감도장들이 머릿속에서 둥둥 떠다녔다. 가끔 인감증명서가 위조되었다고 경찰관이 방문해서 확인요청이라도 하게 되면 '혹시 내가 발급해 준 것은 아닐까?'라는 생각에 간담이 서늘한 적도 있었다. 당시 발급된 인감증명서 유효기간은 10년이었는데 우린 우스갯소리로 10년 동안은 떨어야 한다고 했을 정도였으니 그 스트레스가 이만저만이 아니었다.

요즘 새내기 직원들은 직무교육도 한 달 남짓 받으며 다양한 경험을 하는데 무척 바람직한 것 같다. 특히 내가 근무하는 곳에서는 경험이 많은 직원과 새내기 직원 간에 멘토와 멘티를 연결하는 멘토링제를 운영한다. 선배 공무원이 리더십 역량을 발휘하여 후배 공무원들과 상호 발전적 관계를 형성하기 위함이다. 한 명의 멘티가 한 명의 멘토를 찾아가 스토리를 만드는 1:1 멘토링, 한 명의 멘토와 다섯 명의 멘티가 만나는 1:5 멘토링 등으로 운영된다. 내가 새내기 시절에는 누구한테 물어볼 사람도 없었는데 지금 후배 공무원들의 근무여건은 점점 좋아지고 있어 상당히 고무적이다.

소명의식 없는 공무원은 영혼 없는 월급도둑일 뿐

3명의 벽돌공 이야기가 있다. 뙤약볕에서 땀을 뻘뻘 흘리며 열심히 벽돌을 쌓고 있었다. 그러나 그들의 표정은 각기 달랐다.

한 명의 벽돌공은 인상을 찌푸리고 있었다. 지나가던 사람이 그에게 물었다.

"지금 무슨 일을 하고 있습니까?"

"이 사람이! 보면 모르오? 벽돌을 쌓고 있잖소!"

행인은 별 표정 없이 일하는 두 번째 벽돌공에게 똑같이 물었다.

"몰라서 묻는 것이오? 돈을 벌고 있지 않소!" 라고 답했다.

세 번째 벽돌공은 왠지 표정이 달랐다. 첫 번째와 두 번째 벽돌공처럼 똑같이 질문했다.

"나는 지금 아름다운 성당을 짓고 있소!"라고 대답했다.

요즘 들어오는 새내기 후배들에게 말한다. "치열한 경쟁을 뚫고 들어온 만큼 최선을 다해 근무하자. 작은 일도 소홀히 하지 말고 자기가 맡은 업무에 최선을 다하면 좋은 결과는 반드시 따라오는 법이다. 어떤 일이 주어져도 자부심과 애정을 가지고 근무하는 사람이 성과가 좋은 것은 당연하다. 공무원이라면 안정적이거나 부모님이 원해서가 아닌, 진정한 공무원으로서 사명감을 가지고 일하자." 나도 한동안 여기서 자유롭지 못한 것은 사실이다. 친정어머니께서 안정적인 직업이라며 공무원 시험을 권하셨기 때문이다. 그러나 근무를 할수록 생각이 바뀌었다. 그러자 행동도 바뀌었다. 이젠 공무원 윤리헌장을 기본으로 새기며 나에게 주어진 일에 최선을 다하며 근무 중이다.

공무원 시험을 볼 사람이라면 다음과 같은 공무원 윤리헌장을 꼭 읽고 깊이 생각해 보자.
- 국가에는 헌신과 충성을
- 국민에게는 정직과 봉사를
- 직무에는 창의와 책임을
- 직장에선 경애와 신의를
- 생활에서는 청렴과 질서를

오랫동안 꿈을 그리는 사람은 마침내 그 꿈을 닮아간다

의기소침한 것은 세상에 도움이 되지 않습니다.
이 세상에서 위대하지 않은 사람이 누가 있겠습니까?
· 넬슨 만델라의 대통령 취임사 중에서 ·

캐나다에 한 거지 청년이 있었다. 고등학교를 중퇴하고 오직 영화배우가 되겠다는 일념으로 할리우드로 향했다. 하지만 현실은 녹록지 않았다. 일거리가 없나 싶어 촬영장을 여기저기 기웃거렸으나 아무도 거지 청년을 주목하지 않았다.

하루에 햄버거 하나를 세 토막 내서 끼니를 때우고, 낡은 차 안에서 잠을 자면서 비참한 하루하루를 보냈다. 너무 힘들고 존재감도 없는 무명 시절을 보낸 그는 '아, 이렇게 비참하게 살아서는 안 되겠어.' 라고 생각하며 할리우드가 훤히 내다보이는 언덕으로 올라갔다. 그리고 준비한 백지수표에 이렇게 썼다.

'1995년 추수감사절까지 출연료 1,000만 달러를 지급 받는다.'

이후 청년은 수표를 항상 지갑에 넣고 다녔다. 틈날 때마다 꺼내보면서 목표를 상상했다. 영화 출연료로 천만 달러를 받는 자신의 모습을 생생하게 떠올리면서 난관을 견뎌냈다. 드디어 그는 1995년, 영화 〈배트맨 포에버〉로 천만 달러의 출연료를 받는 최고의 배우가 되었다.

그가 바로 말랑말랑한 고무찰흙 같은 천의 얼굴을 가진 배우 '짐 캐리Jim Carrey'다. 할리우드 최고의 코믹 배우 짐 캐리는 자신을 꿈을 적고, 자신이 적은 꿈대로 이룬 것이다.

지금은 평론가들에게도 인정받는 흥행배우가 되어 사방에서 그를 섭외하려고 애쓴다. 이렇듯 간절하게 꾸는 꿈은 한 사람의 인생을 송두리째 바꾸는 엄청난 위력이 있다. 어떤가? 여러분의 꿈은 간절한가?

하루하루 두근거리는 삶

미국의 음악 거장 데이비드 앰램David Amram은 꿈이 있는 삶이 어떤 것인지를 보여준다.

"일흔일곱의 나이에도 나는 집을 나설 때마다, 아직도 가슴이 떨리도록 벅차오르는 감동을 느낍니다. 아직도 나에게 뭔가를 할 수 있는 이런 기회가 있다는 게 믿기지 않습니다. 나에게 꿈이 있다는 것, 그리고 아무리 내 상황이 어려워 보여도 모든 것이 불가능해 보여도 계속해서 노력하도록 용기를 북돋워 주는 사람들이 평생 내 주변에 있었다는 것, 그것은 정말 행운이었습니다. 이 사람들은 하고 싶은 것을 절대 포기하지 말라고, 될 수 있는 한 최고가 되라고, 그리고 하루도 빠짐없이 창조적으로 살라고 격려해 주었습니다. 우리는 모두 이렇게 살 수 있는 기질을 갖고 태어나지만, 생계를 꾸려 나가는 과정에서 흔히들 이것을 잃어버립니다."

그는 어린아이였던 1937년 펜실베이니아의 한 농가에 앉아 지나가는 기차의 기적 소리를 들으며 상상했다. '나도 언젠가 기차를 타고 뉴욕이라는 마법의 도시에 가야겠어. 뉴욕에서 음악에 관련된 무엇인가를 할 것이다.' 이런 꿈을 꾸면서 자란 그는 작곡가이자 호른 연주가로 꿈을 실현하게 이른다. 그는 재즈와 민속음악, 에스닉ethnic 음악을 통합하는 혁신적인 시도로 거장의 반열에 오른 것이다.

앰램의 말에서 나는 크게 동기부여를 받았다. 우리 모두 가슴 떨리는 삶을 살 수 있는 기질을 가지고 태어나지만 생계를 꾸려나가는 과정에서 잃어버린다는 말이 내 가슴을 콕콕 찌른 것이다.

여러분은 이제 사회에 첫발을 내디딘 가장 순수할 때이다. 꿈꾸고 실현하기에 어쩌면 가장 적합한 시기일 수 있다. 반드시 자신의 꿈을 기록하고, 그 꿈을 위해 거침없이 나가길 바란다.

지인 중 정년 퇴임한 교장 선생님이 계신다. 정년 퇴임하면 캄보디아에 집을 지어 배움에 목마른 청소년들을 가르친다는 신념을 갖고 계셨다. 작년에 퇴임하시고 현재 캄보디아에서 집을 짓고 계신다. 편안하고 안정된 노후를 선택하지 않고 자신이 진정으로 원하는 꿈을 실현하기 위해 인생 2막을 새롭게 단장한 것이다. 이렇듯 구체적인 꿈은 인생을 바꾸는 힘을 가지고 있다.

나도 꿈과 비전을 가지고 있다. 내 꿈은 21세기를 주도할 청소년들이 자신만의 꿈과 비전을 발견하여 가슴 뛰는 삶을 살게 하는 것이다. 나는 이 사명을 완수하기 위해 지식의 빅뱅을 일으켜 비전코치로 활동하면서, 21세기 지구촌을 책임질 청소년 천만 명에게 꿈과 비전, 리더십을 심어주는 것이다. 전에는 그저 막연함 꿈으로만 간직했는데 구체적인 꿈과 비전을 생각하면서 내 인생의 로드맵을 다시 작성하게 되었다.

내 인생의 로드맵을 작성해보자

오랫동안 직장생활을 해오면서 나는 변화하는 것을 무척이나 싫어했다. 근무 연수가 차면서 점점 안주하게 되고 특별한 목표도 없으면서 괜스레 바쁜 날의 연속이었다.

그러나 이젠 내가 앞으로 내 삶을 어떻게 살아가야 하는지 명확한 목표가 생겼다. 이젠 변화가 두렵지 않다. 꿈과 비전이 생기고 나니 생활에 활력이 넘치고 에너지가 충만하다. 매일 나의 비전을 들여다보면서 꿈의 노트에 기록하고 있다. 생각해보면 그렇게 어려운 것도 아니었는데 왜 여태 나의 미래를 생각하지 않고 그저 현실에만 만족하며 살아왔는지 모른다.

물론 다른 사람들 보기엔 내 모습이 똑같을지 모른다. 그러나 내 삶은 '평범한 나'에서 '비범한 나'로 바뀌었다. 내 삶을 주도적으로 움직일 수 있는 힘이 생긴 것이다. 이것이 꿈과 비전의 힘이다.

만화《딜버트》로 일약 세계적인 만화가가 된 스콧 애덤스Scott Adams 역시 꿈을 기록하여 특별한 힘을 보여준 대표적인 사람이다. 그는 자신의 목표를 기록으로 남겨 하나의 목표가 이루어지면 다음 목표를 적어 놓는 식으로 이루어 나갔다.

애덤스는 한때 공장의 말단 직원이었다. 당시 그는 하루에도 수십 번씩 낙서를 하곤 했다. 그 낙서는 "나는 신문에 만화를 연재하는 유명한 만화가가 될 것이다."였다. 그는 이 문장을 하루도 거르지 않고 열다섯 번씩 써내려갔다. 그러기를 수백 번, 그는 마침내 한 신문사와 계약을 맺었다. 자신의 첫 번째 꿈을 이룬 애덤스는 다음 목표를 "나는 세계 최고의 만화가가 되겠다."로 바꾸어 쓰기 시작했다. 그의 딜버트 만화는 전 세계적으로 2천 종의 신문에 연재되었다. 우리는 세계 어디에서든 딜버트 캐릭터를 만날 수 있다. 이제 스콧 애덤스는 "나는 퓰리처상을 받을 것이다."를 적는다.

이제 내면에 잠자고 있는 자신의 꿈을 밖으로 끄집어내 보자. 그리고 자신이 이루고 싶은 꿈의 목록을 지금 당장 노트에 적어보자. 나중이 아니라 지금 이 글을 읽는 순간 적는다. 꿈의 목록을 적을 때는 불가능하리만큼 커다란 꿈을 적어보자. 예를 들면 자신이 1,000억이 생겼을 때 하고 싶은 것이 무엇인가? 꿈을 적을 때는 네 파트로 나눠서 적으면 훨씬 수월하다. 하고 싶은 일, 가고 싶은 곳, 배우고 싶은 것, 기타로 분류해서 말이다.

이렇게 꿈을 품을 때 강렬한 욕구가 생기면서 뇌에 새로운 변화가 생긴다. 그리고 그 꿈을 이미 이룬 것처럼 생활하자.

누구에게나
평등하게 주어진 것은
오로지 시간뿐이다

세상의 중요한 업적 중 대부분은
희망이 보이지 않는 상황에서도
끊임없이 도전한 사람들이 이룬 것이다.

·데일 카네기·

가끔 생각한다. 시간도 은행에 저축할 수 있으면 좋겠다고. 누구에게나 하루는 24시간이다. 갓난쟁이 아가에게도, 팔순 어르신에게도 하루는 24시간이다. 그러나 그 하루 24시간을 어떻게 사용하느냐에 따라 삶의 질 자체가 달라지고 하루가 풍요로워진다.

같은 대학생이라도 어떤 학생은 공부도 열심히 하고 시간을 쪼개 운동도 하고 자신의 미래를 위해 자격증도 따고 아르바이트로 돈을 벌기도 한다. 반면 어떤 학생들은 학점이 나오거나 말거나 신경도 안 쓰고 대학생만 되면 다 이룬 것처럼 음주 가무에 놀기 바쁘다. 내내 놀다 졸업반이 되어서야 취업 걱정에 사회를 탓하고 남의 탓을 한다.

직장생활은 또 어떤가? 어떤 이는 직장에 다니면서 끊임없는 자기계발로 자신의 가치를 높인다. 반면 어떤 이들은 근무 시간에도 태만하고 대충 하루를 때우고 늘 불평만 하면서 퇴근 후 술잔을 기울이며 직장 상사 뒷담화에 정신없다.

똑같은 하루를 어떻게 보내느냐에 따라 삶의 질이 달라진다

시골의사라는 필명으로 유명한 박경철 씨는 가장 싫어하는 말이 '시간 없다.'라고 한다. 그는 한때 방송 진행, 증권 분석, 강의, 저술 등으로 하루를 50시간처럼 쓰는데 전혀 피곤해 하지 않아 그 비결을 물으니 이렇게 말했다.

"시간을 직선으로 생각하지 않고 아코디언처럼 늘였다 줄였다 활용하면 됩니다. 저도 멍청히 있는 시간이 있지만 자투리 시간을 잘 활용하고 놀다가 일해야 할 때는 놀랄 만큼 집중하기에 이런저런 일을 하는 것 같습니다."

직장에서 일하고 집에 돌아와 밥하고 청소하고 TV보며 뒹굴 거려도 시간은 잘 간다. 드라마는 한번 보면 뒷이야기가 궁금하다. 극 중 인물들은 왜 그렇게 얽히고설켜 있는지 모른다. 조금 딱딱한 책을 읽다가 어느새 딴생각에 팔려 꼬리에 꼬리를 물다 보면 처음 생각과 달리 한참을 돌아가 있다. 그러나 드라마는 몰입도 최고다.

얼마 전에 나도 드라마에 빠진 적이 있었다. 이미 종영된 〈나인〉이란 드라마였는데 동료 직원이 추천해서 보게 되었다. 그 드라마는 아홉 개의 향을 통해 과거로 돌아가서 시간 여행을 하는 것이다. 스토리가 탄탄

하고 극 중 주인공의 비주얼도 나를 현혹시키기에 안성맞춤이었다. 연이어 보기 시작했는데 아침밥 먹고부터 새벽 두어 시까지 주야장천 본 것이다. 족히 12~13시간은 내리 본성 싶다. 주말 이틀간 1회부터 20회까지 다 봤으니 지금 생각해도 웃음이 나온다.

대학입시 끝나고 보고 싶은 드라마를 모두 내려받아 2~3일간 하루종일 드라마만 봤다는 이야길 들었을 때 "어떻게 그럴 수가 있지?"했는데 내가 그랬다. 그렇게 드라마 보는 재미에 빠져 또 다른 프로 없나 열심히 리모컨을 눌러댔다. 그 후 두세 편의 드라마를 더 봤는데 처음 본 드라마만큼 재미는 없었고 시간만 죽이고 있었다. 오히려 더 피곤하고 뭔지 모를 찜찜함이 자리했다. 드라마를 다 끊고 전처럼 다시 내 스타일로 돌아와서 책을 읽고 글을 썼다. 그제야 안정이 되었다. 시간은 삶이다. 시간을 어떻게 관리하느냐에 따라 성공과 실패를 가를 수 있다.

시간을 나타내는 단어로 크로노스와 카이로스가 있다. 크로노스는 시간에 편승해서 별 의미 없이 흘려보내는 것으로 우리가 항상 보는 시계, 달력으로 표시되는 시간을 말한다. 누구한테나 똑같이 주어진 시간이다. 부자라고 25시간 주어지고 가난하다고 해서 23시간 주어지는 것이 아닌 똑같은 24시간, 365일이 크로노스이다. 이렇게 객관적으로 주어지는 시간과 달리 주관적인 시간이 카이로스이다. 즉, 창조적으로 사는 시간이다. 이는 사람마다 느끼는 게 다르다. 가령 아침에 출근 점검이 있다. 손가락으로 지문 인식을 해야 출근이 인정된다고 했을 때 1분이 지나면 지각이 되어버린다. 1분 때문에 전 직원이 보는 공문에 이름이 올라가고, 특별 당직을 서게 된다. 이때의 1분은 어느 때의 1시간보다 더 귀한 시간이 되는 것이다. 그래서 시간에 관한 명언이 수도 없이 많은 것이 아닐까 싶다.

"죽은 후에 일생을 회고하면서 만족을 느끼기를 원한다면, 당신은 평소에 시간의 가치를 배워야 하고, 또 단 1분의 시간도 낭비하지 않도록 노력해야 한다."
▪ 사무엘 존슨

"가장 바쁜 사람이 가장 많은 시간을 가진다."
▪ 나폴레옹

"세월은 만인에게 공평하게 주어진 자본금이다. 이 자본을 잘 이용한 자가 승리한다."
▪ 아뷰난드

"아름다운 여자의 마음에 들려고 노력할 때는 1시간이 마치 1초처럼 흘러간다. 그러나 뜨거운 난로 위에 앉아 있을 때는 1초가 마치 1시간처럼 느껴진다. 그것이 바로 상대성이다."
▪ 알베르트 아인슈타인

"가장 게으른 사람들이 시간이 부족하다고 말한다."
▪ 먼로

"부자든 빈자든 시간은 누구에게나 공평하다. 이것이 자연이 우리에게 주는 최고의 선물이다."
▪ 스펜서 존슨

"당신이 아무것도 가진 게 없다면, 당신에게 주어진 시간을 활용하라. 거기에 황금 같은 기회가 있다."

▪피터 드러커

지인 J는 글로벌기업의 해외 마케팅 부서의 상무다. 그녀는 스케줄은 살인적이다. 하루 종일 회사에서 업무를 마치고 저녁에는 강연을 나간다. 거의 한 달 동안 매일 있을 정도로 강연이 쇄도한다. 그리고 주말에는 독서모임에도 나가고, 강연자임에도 불구하고 또 강연을 위한 교육을 받는다. 그 바쁜 와중에 블로그까지 매일 업데이트할 정도로 잘 운영하고 있다. 나는 그녀의 살인적인 스케줄을 보면서 대체 어디서 그런 에너지가 나오는지 궁금했다. 옆에서 지켜보니 끊임없는 노력과 시간 관리였다. 그녀의 스케줄을 보며 시간이 없어서 무엇인가를 도전하지 못한다는 것은 핑계에 불과하다는 것을 느꼈다. 여러분은 아직 젊고 누구보다도 열정적으로 살아갈 수 있는 나이다. 직장생활 초년병 시절엔 무엇이든지 도전이 가능하다. 투 잡, 쓰리 잡도 가능하다. 제발 퇴근 후 시간을 죽이며 비생산적인 일로 귀한 시간을 낭비하지 말자.

시간관리 방법

스티븐 코비Stephen R. Covey의 《성공하는 사람들의 일곱 가지 습관》에서 시간관리 매트릭스라는 것이 소개된다. A4용지를 꺼내놓고 가운데에 세로줄과 가로줄을 그어 전체를 4등분 한다. 그런 다음 해야 할 일들을 다음과 같이 4가지로 구분하여 적는다. 해야 할 일 중에서 '긴급하지만 중요한 일'들을 왼쪽 위편에 적는다(A). '긴급하지 않지만 중요한 일'을 오른쪽 위편에 적는다(B). '긴급하지만 중요하지 않은 일'을 왼쪽 아래편에 적는다(C). '긴급하지도 않으면서 중요하지도 않은 일'은 오른쪽 아래편에 적는다(D). 그런 후에 살펴보면, 우리는 살면서 긴급하지만 중요하지 않은 일에 50~60퍼센트의 시간을 할애하고 있음을 발견하게 된다. 예를 들면 눈앞의 급박한 상황이나 사소하지만 바쁜 일, 많은 인기 위주의 활동을 들 수 있는데 이렇게 긴급하지만 중요하지 않은 일은 최소화할 필요가 있다.

또한 긴급하지만 중요한 일에는 25~30퍼센트 정도를 할애한다. 마감이 임박한 프로젝트나 회의 준비 등이다. 여기에 치중하는 사람은 성실하다. 밥도 먹고 산다. 그러나 이런 사람들은 급박한 문제들에 둘러싸여 긴급하고 중요한 일에 지배당하게 된다. 즉, 시간에 이리저리 끌려다니는 인생을 살게 된다는 것이다.

긴급하지도 않으면서 중요하지도 않은 일에 초점을 맞추는 사람들도 있다. 지나친 TV 시청이나 비생산적인 수다 등으로 시간을 보내는 사람들이다. 지양해야 할 일이다.

마지막으로 긴급하지는 않지만 중요한 일이다. 바로 독서나 운동, 인간관계 구축이나 가치관 확립 등이다. 독서나 운동, 가치관 확립 등은 아파트 관리비 납부기한처럼 당장 눈에 보이는 것은 아니다. 그러나 성공적인 삶을 살아가는 사람은 긴급하지 않지만 중요한 일에 가장 집중하고 있음을 스티븐 코비는 강조한다. 그러면서 솔루션으로 A활동을 줄이고 B활동에 더 많은 시간을 투입하라고 권하고 있다.

여러분은 어느 부분에 치중하고 있는가? B활동에 치중하며 산다면 적극 응원한다. 그러나 다른 부분에 치중했다면 이제부터라도 긴급하지 않지만 중요한 일인 B활동에 초점을 두면서 생활해보자. 일의 우선순위와 장기적 계획을 병행하고 자신을 분석할 수 있는 시스템으로 스티븐 코비는 일주일 단위로 계획을 짜는 것이 가장 합리적인 시스템이라고 말한다. 지속적인 것을 한눈에 확인할 수 있어 중요한 것과 덜 중요한 것들을 구분하는 연습으로 좋은 방식이라고 말한다. 자세한 방식은 그가 쓴 《성공하는 사람들의 일곱 가지 습관》을 읽어보기를 권한다.

짧지만 꾸준한 시간 활용

미국 화장품 업계의 여류 사업가 메리 케이 애쉬Mary Kay Ash 회장은 이런 이야기를 했다.

"끊임없는 자기계발과 혁신만이 변화의 시대에 살아남을 수 있는 유일한 대안입니다. 시간이 부족하다는 것은 결코 이유가 될 수 없습니다. 저의 계산을 잘 들어보세요. 매일 아침 30분만 일찍 일어날 수 있다면 당신의 꿈이 어떤 것이든 이루어 낼 수 있습니다.

주일을 제외하고도 하루에 30분씩 1주일이면 180분, 즉 3시간을 확보할 수 있지요. 주당 근로 시간을 40시간으로 본다면 정확하게 4주, 즉 한 달의 총 근무시간과 동일한 새로운 나만의 시간을 창출해 낼 수 있는 것입니다. 이 시간을 활용해 당신의 부가가치를 높이세요!"

새벽 시간의 활용에 대해 설득력 있게 조언하고 있다. 여러분 안에 잠들어 있는 거인을 깨우자. 시간 확보가 힘든 사람일수록 새벽을 디자인해야 한다. 많은 성공한 사람들은 대부분 새벽 시간을 잘 활용했다. 낮이나 저녁에는 우리를 방해하는 요소들이 너무 많다. 뭐 좀 할라치면 휴대폰 메시지부터 각종 알람 때문에 진득하니 집중을 할 수가 없다. 늦은 밤 시간에는 하루 종일 신경 썼기 때문에 집중력이 떨어지고 몽롱하다.

새벽에는 주변에 방해받는 요소가 없기 때문에 집중력이 높다. 우리 몸에서 분비되는 아드레날린과 코르티코이드 호르몬은 새벽부터 분비량이 증가되다 아침 7시에서 8시 사이에 정점에 도달한다. 이 두 호르몬으로 인해 정신과 육체 활동이 활발하게 되는 것이다. 가장 맑은 정신상태가 아침 7~8시 사이라고 하니 여러분의 시간을 재점검하길 바란다.

경영학의 구루 피터 드러커Peter Drucker는 집중력에 가속도가 붙은 새벽 2~3시간의 생산성은 토막 난 낮 시간의 10시간과 견줄 수 있을 정도라고 했다. 깊은 사고를 해야 하거나 어려운 결정을 해야 할 상황에는 새벽 일찍 일어나 고민해보자. 특히 신입사원 시절부터 새벽 시간을 잘 이용하면 어느 순간 자신의 삶에 엄청난 변화가 찾아오는 것을 느낄 것이다.

마케팅 관련 회사를 운영하는 P는 볼 때마다 유쾌하고 즐겁다. 그녀의 스케줄도 J 못지않은데 어쩌면 그렇게 상대방을 기분 좋게 해주는지 그녀를 아는 것이 내겐 큰 복이다. 항상 그렇게 웃으며 생활하는 비결을 물었더니 이렇게 말한다.

"한 시간 단위로 시간을 관리해요. 만약 5분이 남으면 휴대폰 주소록 보고 지인이나 친구들에게 문자를 하지요. 특히 택시로 이동할 때는 안부전화를 못했던 사람들에게 전화를 해요. 갑자기 시간이 두 세 시간 남게 되면 책을 읽어요. 아무리 바빠도 중간 중간 시간이 나는데 저는 그 시간을 십분 활용을 한답니다. 그렇게 자투리 시간을 활용하면 생각보다 많은 일을 할 수가 있고 오히려 여유가 생기더라고요. 이렇게 보내는 시간이 행복해요."

시간이 없다면 다른 시간을 효율적으로 끌어오는 수밖에 없다. 남의 시간을 사오지 못하는 이상은 말이다.

인생의 마지막 장면을 떠올려 보자

오늘이 무슨 요일인지도 몰라요.
날짜도 모르구요.
전 그냥 수영만 해요.
·수영선수 마이클 펠프스·

예일 대학교에는 '책상 교수님'이라는 별칭을 가진 교수가 있다. 강의할 때마다 항상 책상 위에 올라가 강의를 하기 때문이다. 하버드대 마이클 샌델Michael J. Sandel과 더불어 미국을 대표하는 현대 철학자로 '대중 철학 강의의 새로운 지평을 열었다'고 평가받는 셸리 케이건Shelly Kagan 교수. 《DEATH 죽음이란 무엇인가》의 저자이기도 하다. 그에게 '죽음에 대해 생각해보는 시간을 갖는 것이 왜 중요할까?'라는 질문에 그는 다음과 같이 답했다.

"새해가 밝았습니다. 이는 달리 말하면 살아갈 날이 1년 줄어들었음을 의미합니다. 우리는 기억해야 합니다. 우리의 삶은 유통기한이 있습니다. 삶을 변화시킬 기회도 점점 줄어가고 있어요. 언젠가 죽는다는 사실을 망각한다면 우리는 우리에게 허락된 삶의 시간이 한정되어 있다는 사실도 잊게 됩니다.

이 시간이 영원할 것 같다는 착각은 삶의 적절한 긴장감을 놓치게 하죠. 과장된 표현이지만 인생을 아무 생각 없이 살게 될 확률이 높아집니다. 죽음을 직시하면 현재의 삶에 충실할 수 있습니다. 삶의 마지막이 누구에게나 조금씩 다가오고 있기 때문에 우리는 의미 있는 삶을 살아가고 있는지, 헛되게 낭비하고 있는 건 아닌지 스스로 삶의 질문을 던질 수 있는 것입니다. 사람은 누구나 죽습니다. 인간에게 부여된 보편타당한 진리죠. 다시 말해 현재를 살고 있는 모든 사람들에게 해당하는 유일한 진리가 바로 죽음입니다. 때문에 우리는 죽음을 생각하고 이해해야 합니다.

죽음이 과연 무엇인지, 진정 삶의 끝을 말하는 건지, 아니면 다른 뭔가가 있는 건지 고민해봐야 한다고 생각합니다. 다양한 질문을 던져보고 해답을 찾으려고 해보는 거죠. 남의 일이 아닙니다. 내 일입니다. 나는 지금 현명하게 남은 삶을 소비하고 있는지 돌아보는 게 중요합니다."

죽음을 미리 체험해 본 후의 삶

교육 전문가인 K는 참 독특한 개성을 지닌 사람이다. 그는 수없이 많은 직업을 거쳐 왔는데 그의 이력을 들어보면 참 재미있다. 학생 때는 학생운동을 하다가 농사도 짓고, 온라인 쇼핑몰부터 각종 영업까지 다양한 일을 거쳐선지 어떤 일을 맡겨도 두렵지 않다고 한다. 누구를 만나도 기죽지 않고 십여 분 대화 속에 자신이 원하는 방향으로 확 끌어당길 수 있는 능력도 가지고 있다. 외모는 그렇게 출중하지 않은데 대화할수록 참 매력적인 사람이다.

어떻게 처음 만난 사람과 그렇게 쉽게 친해지느냐고 했더니 "오늘이 마지막 날이라고 생각하면서 사람들을 만납니다."라고 하는 것이다. 많은 책 속에 오늘이 마지막인 것처럼 살라는 말을 하지만 하루에도 수없이 많은 일들이 일어나기 때문에 온전하게 그렇게 맘먹기가 쉽지 않다.

그도 처음엔 낯가림도 심했고 여러 직업을 거치면서 좌절과 시련을 맛보았다고 한다. 그런데 우연히 어느 기관에서 임사체험臨死體驗하는 캠프에 참여하게 된다. 임사체험이란 죽음을 미리 경험해보는 체험이다.

충청도 어느 산자락에 갔는데 하필 그날 비가 억수같이 퍼부었다. 첫날은 개별 텐트로 취침을 해야 하는데 비가 와서 텐트를 사용하지 않고 펜션에서 숙박을 한 모양이다. 그런데 그는 '이왕 체험하러 왔으니 처음 스케줄대로 다 체험하리라' 맘먹고 개인 텐트를 치고 혼자 잤다.

다음 날 저녁엔 본격적인 임사체험으로 수의를 입고 관 속에 누웠다. 수의를 입을 때도 기분이 좀 이상했다고 한다. 그런데 관 속에 누웠는데 밖에서 못질까지 한 것이다. 30분 정도를 못이 박힌 관 속에 누워 있었는데 별의별 생각이 다 들더란다. 체험이 끝난 후 그는 세상을 바라보는 시각이 완전히 바뀌었다고 한다. 지금은 아무하고나 금방 친해지고 어떤 결정을 할 때도 개인적인 감정과 일과의 분리를 쉽게 한다고 한다.

영업을 하는데 상대방이 기분 나쁘게 거절하더라도 "그 거절은 나를 거절하는 것이 아니라 업무를 거절하는 것이다." 라고 생각하기 때문에 전혀 기분 나쁘지 않다고 한다. 임사체험을 하고 나면 삶에 대해 겸허해

진다는 말은 많이 들었다. 아직은 겁이 나지만 기회가 되면 체험해 보고
싶다.

도스토옙스키가 시간을 아끼게 된 이유

시간을 아껴 쓰기로 치자면 세계적인 대문호였던 《죄와 벌》, 《카라마
조프가의 형제들》의 저자 도스토옙스키Fyodor Dostoyevsky를 빼놓을
수 없다. 그도 처음에는 시간을 흥청망청 쓰는 방탕한 생활을 하던 사람
이었다. 그런데 어떻게 해서 단 1분 1초도 허투루 보내지 말라는 명언을
남겼을까?

그에게 일생일대의 커다란 전환점이 된 사건이 있었다. 그는 당시에
이미 상트페테르부르크 문학계의 스타가 돼 있는 상태였고 친분 있는 사
람들과 문학 모임에서 활동을 하고 있었는데 그 모임이 반역을 도모했다
는 혐의를 받게 된 것이다. 이 사건으로 인해 그는 감옥에 갇혀 사형선고
를 받고 형장의 이슬로 사라지게 될 운명에 처했다. 그의 나이 고작 28세
였다.

장교가 사형수들의 죄명과 형을 낭독하는 동안 도스토옙스키는 정신
이 멍해지면서 근처 교회의 종탑에서 쏟아 내리는 금색 햇빛이 차차 구
름에 가려지며 어두워지는 것을 보며 자신 또한 곧 영원히 어둠의 세계
에 떨어지게 된다는 것을 깨달았다고 한다. 그는 "만약 내가 죽지 않는다
면, 만약 산다면 나의 삶은 끊임없는 영원처럼 느껴지며 일분이 백 년과
같으리라, 만약 내가 살아남는다면 인생의 단 일초를 소홀히 하지 않을

텐데'하는 생각을 했다고 한다.

마지막으로 신부가 고해를 본 후, 도스토옙스키의 머리에 두건이 덮이고 병사들이 총을 발사하기 직전, 갑자기 형장에 마차가 급히 난입해 황제가 특사로 그들의 형을 감형하였음을 알렸다. 사실은 니콜라이 황제가 정말로 처형할 생각은 없었고 단지 '혁명놀음'을 하겠다고 설치는 젊은이들에게 본때를 보여주겠다고 처형 쇼를 한 것뿐이었다. 니콜라이 1세는 소위 지식인들에게는 이런 처형 연극을 즐겼고, 나름대로 효과도 있었다고 한다.

그때 도스토옙스키는 황제의 재미로 임사체험을 한 느낌을 편지에 진지하게 썼다.

"지난 일을 돌이켜보고 실수와 게으름으로 허송세월했던 날들을 생각하니 심장이 피를 흘리는 듯하다. 인생은 신의 선물, 모든 순간은 영원의 행복일 수도 있었던 것을 조금 더 젊었을 때 알았더라면. 이제 내 인생은 바뀔 것이다. 다시 태어난다는 말이다."

이후, 시베리아에서 4년의 수감생활을 하면서 왕성한 창작 활동을 하게 된다. 그 당시엔 수용소에서 집필활동을 할 수 없는 상황이었다. 수용소에서 도스토옙스키는 자신이 쓰고자 하는 소설을 머릿속으로 완벽하게 구성하는 연습을 한다. 머릿속으로만 그 방대한 소설을 집필한 도스토옙스키는 이후에 죽는 날까지, 마치 페이지 하나하나, 작품 하나하나가 자신의 마지막 작품이 될 것처럼 《죄와 벌》, 《백치》, 《악령》, 《카라마조프가의 형제들》등 불후의 명작을 연달아서 내게 된다. 그전에는 글자 하나마다, 한 장마다 시간을 들이며 하루 종일 망상을 하던 그였지만 이후로 쉬지 않고 글을 썼으며 쓰고 있지 않을 때는 쓸 내용을 중얼거리고 다녔다고 한다. 그런 탓이었는지 그의 작품들은 극도로 세밀하고, 편집광적인 집념이 느껴지는 묘사가 많다.

《백치》라는 그의 소설에서 사형선고를 받았던 사람의 마지막 5분간에 대해 언급하는 장면이 나온다.

"살아 있을 시간은 단 5분뿐이다. 2분은 동료들과의 작별하는 데 쓰고, 2분은 이 세상을 떠나기에 앞서 자기 자신을 돌아보는데, 나머지 1분은 마지막으로 주위의 광경을 둘러보는 데 쓰고 싶다…….

만일 내가 죽지 않는다면 어떨까. 만일 생명을 되찾게 된다면 어떨까. 그것은 얼마나 무한한 것이 될까. 그리고 그 무한한 시간이 완전히 내 것이 된다면, 그렇게 된다면 나는 1분의 1초를 100년으로 연장시켜 어느 하나도 잃어버리지 않을 것이다. 그리고 그 1분의 1초를 정확하게 계산해서 한순간도 헛되이 낭비하지 않을 것이다."

지금도 아프리카에서는 3초에 한 명씩 아이들이 굶어 죽는다. 우리가 3분을 대수롭지 않게 흘려보낼 때 그 180초 동안 아프리카에서는 60명의 아이들이 살기 위해 안간힘을 쓰다가 목숨을 잃는다.

지구 반대편에서 힘겹게 살아가는 친구들의 처절한 몸부림을 떠올린다면 1분, 1초가 얼마나 소중한 것인지 되돌아보게 된다. 지나고 나면 영영 되돌릴 수 없는 것이 시간이다. '오늘은 어제 살았던 이가 그렇게도 간절하게 원했던 내일'이라고 하지 않은가?

　도스토옙스키에게 그렇게 간절하게 원하던 내일을 극단적인 방법으로 줬던 니콜라이의 장난에 대해 본인은 평생 어떻게 생각하고 살았을까? 세상에 손꼽을 만한 대문호로 만들어주었지만 반드시 긍정적인 효과만 있었던 것은 아니었다.

낭비한 인생,
그것은 유죄

위대한 사람들이 정복한 정상은 단번에 올라갈 수 있는 것이 아니다.
그들은 다른 사람들이 자고 있는 동안 밤새 힘들어 올라 정복한 것이다.

· 헨리 워즈워드 롱펠로 ·

여러분, 호박벌을 아는가? 호박벌은 자신의 일만 열중하는 곤충으로 호박벌만큼이나 잠자리에서 일찍 일어나고 늦게 잠드는 곤충은 또 없을 것이다. 호박벌은 하루 종일 자신의 목적을 달성하기 위해 꽃에서 꿀을 따먹는 일에만 열중한다. 길고 긴 여름날 1주일간 1,600km를 날아간다. 하루에 200km 이상을 난다는 것이다. 쉽게 말하면 서울에서 속초까지가 200km이니 거기까지 나는 셈이다. 그런데 호박벌의 몸길이는 2.5cm이며 몸집에 비해 날개가 지나치게 작다. 호박벌은 애당초 날 수 없게 만들어졌다. 몸은 너무 크고 뚱뚱한 데다 날개는 상대적으로 너무 작다. 그런 몸집과 날개로 꿀을 따기 위해 윙윙거리는 것은 고사하고 아예 나는 것이 불가능해야 한다. 그런데 어떻게 호박벌이 그렇게 먼 거리를 날아다닐 수 있는 것일까?

호박벌은 자신이 날 수 없게 태어났다는 것을 전혀 몰랐던 것이다. 자신의 몸이 날기 힘들게 태어났다는 사실은 중요하지 않다. 그 이유에 대해서도 관심이 없다. 다만 자신은 꿀을 따기 위해 난다는 것에만 관심이 있다. 열심히 날아 꿀을 따먹는 것만이 자신의 목적인 것이다. 호박벌의 인생은 오롯이 꿀을 따먹는 것이다.

모르는 것만 못한 선입견

우리는 어떤 일을 할 때 작은 목소리에 신경을 많이 쓴다. '이게 과연 될까, 잘할 수 있을까, 실패하면 어떡하지?'라는 감정으로 인생을 낭비하고 정작 중요한 것을 놓치곤 한다. 나 역시도 그랬다. 내면에는 작가와 강연의 꿈을 가지고 있었음에도 '내가 어떻게……'라는 생각으로 쉽사리 도전하지 못했다. 그러나 생각해보니 내가 도전하지 못할 이유가 없었다. 해보지도 않고 부정적인 생각만으로 내 머릿속을 가득 메운 내 자신이 싫었다. 나는 차분하게 생각해 보았다. 아마존의 창업자 제프 베조스 Jeffrey Bezos가 한 말을 떠올리면서……그리고 내 인생을 다시 디자인하기 시작했다.

"만일 당신이 여든 살이 됐다고 가정해 보자. 그때 자신을 어떻게 생각할 것인가? 그러면 당신이 지금 고민하고 있는 혼란스러움에서 벗어날 수 있다."

당시 38세의 젊은 제프 베조스는 잘나가는 월스트리트 헤지펀드 회사의 최연소 부사장이었다. 어느 날 그는 자신의 꿈을 상사에게 말한다.

"인터넷으로 책을 파는 회사를 창업하려고 합니다."

상사는 "잠시 나와 산책 좀 하세!"라며 함께 밖으로 나간다. 상사는 그에게 "자네 생각도 좋지만 그 일은 반듯한 직장이 없는 사람한테 더 어울리지 않겠나?"라고 하면서 이틀의 시간을 더 준다는 조언을 했다. 그는 깊은 생각에 빠져 고민을 하게 된다. 그때 자신이 80살이 되었을 때를 가정해 보기로 했다. 자신의 인생을 되돌아보면서 후회할 일을 미리 생각해 보는 것이었다. '내가 꿈꾸던 인터넷으로 책을 파는 것을 후회하지 않을 것이다. 설혹 실패를 해도 후회하지 않을 것이다. 그러나 해보지 않는다면? 시도조차 하지 않는 것에 대해 후회할 것이다.'로 생각이 귀결되자 미련 없이 회사에 사표를 던지게 된다. 그렇게 그는 훌륭한 직장을 뒤로하고 창업한 회사가 전 세계적으로 유명한 인터넷 서점인 '아마존'이다.

수십 번을 읽었던 스티브 잡스Steve Jobs의 스탠퍼드 연설문에도 다음과 같은 이야기가 나온다.

"여러분들의 삶은 기다려주지 않습니다. 그러니까 인생을 낭비하지 마세요. 도그마, 즉 다른 사람들의 생각에 얽매이지 마세요. 다른 사람들의 목소리가 여러분 내면의 진정한 목소리를 방해하지 못하게 해야 합니다. 가장 중요한 것은 여러분의 마음과 직감을 따르는 용기를 가지는 것입니다. 이미 마음과 직감은 여러분이 진짜로 무엇을 원하는지 알고 있습니다. 나머지 것들은 모두 부차적인 것입니다."

제프 베조스가 좋은 직장에 안주하고 상사의 이야기를 듣고 자신이 꿈꾸었던 것을 포기했다면 어땠을까? 우리의 인생은 그다지 길지 않다. 오는 것은 순서가 있지만 가는 순서는 아무도 모른다. 많은 사람들이 직장을 떠나거나 죽음에 임박했을 때 후회하는 것이 내가 하고 싶은 일을 못해 본 것이라고 한다.

빠삐용이 지은 죄

인생 이야기가 나오니 생각나는 영화가 있다. 오래되었지만 내게 특별하게 기억되는 영화 중의 하나인 〈빠삐용〉이다. 죄수 수송선에서 빠삐용(스티브 맥퀸)과 드가(더스틴 호프만)는 서로 만난다. 빠삐용은 살인죄로, 드가는 위조 지폐범으로, 죄수들이 겪는 끔찍한 일들을 겪게 된다. 시간이 흐르며 빠삐용과 드가는 진한 우정을 느낀다.

빠삐용은 자신을 범인으로 몰아붙인 검사에 대한 복수를 하고자, 드가는 아내에게 당한 배신으로 인해 탈출을 결심한다. 그러나 첫 번째 탈출에서 이들은 실패하여 무시무시한 독방에서 2년을 보내게 된다. 빠삐용은 다시 탈출을 시도하여 겨우 콜롬비아에 도착하여 지내다가 수도원의 원장에게 속아 다시 세인트 조셉프의 독방에서 5년을 보내게 된다.

여기서 내 심금을 울린 잊지 못할 장면이 나온다. 어느 날 빠삐용은 꿈을 꾸게 되는데 판사가 말한다.

"네 죄가 뭔지 너는 알고 있다."

"난 죄가 없소. 난 그 포주를 죽이지 않았소. 아무것도 발견 못 하고 당신이 나에게 죄를 뒤집어씌운 거요."

"그렇지. 그건 어느 정도 사실이지. 그러나 네 진짜 죄는 포주의 죽음과 무관해."

"그렇다면 내 죄가 뭐요?"

"네 죄는 인간이 저지를 수 있는 최악의 죄다.

인생을 낭비한 죄로 널 고발한다."

"유죄…유죄…유죄…"

그 소리를 뒤로 하고 빠삐용이 돌아서는 모습이 있다. 오래전 봤던 영화지만 아직도 잊히지 않는 장면이다.

결국 빠삐용은 탈출이 불가능한 악마의 섬으로 보내진다. 그러나 빠삐용은 망설이는 친구 드가를 남겨두고 끝없이 펼쳐진 망망대해의 절벽에서 뛰어내려 목숨을 건 탈출에 성공한다. 그렇게도 갈망했던 자유를 찾아서 말이다. 이 영화는 자유에 대한 갈망, 목숨을 건 탈출, 인간의 굳은 의지와 신념, 낭비한 인생에 대한 채찍 등 여러 가지를 느끼게 해주었다.

섬에 남은 친구 드가는 감옥의 조그만 곳에 자기만의 장소를 만들어 돼지를 키우며 관리하는 것으로 삶의 위안을 삼는다. 현실에 순응하여 체념하는 드가의 모습과 높은 절벽에서 과감히 뛰어내린 빠삐용의 모습이 사뭇 대조적이었다. 또한 현실과 타협해 버린 사람과 자신의 신념을 끝까지 포기하지 않은 사람의 모습이 투영된 듯 했다.

빠삐용은 탈옥에 성공하면서 자신의 인생을 찾는다. 전술한 꿈 시퀀스는 시간을 낭비한 죄로 유죄를 선고받았지만 탈옥에 성공해 앞으로의 시간을 얻게 됨으로써 빠삐용은 무죄라는 상징적 함의를 가진다.

여러분은 지금 어떤 인생을 살고 있는가?

자신의 신념대로 살고 있는가?

아니면 현실에 타협하면서 적당히 안주하면서 살고 있는가?

근사한 사람이
되기 위하여

배가 항구에 있다면 안전하겠지만
그것은 배의 존재 이유가 아니다

· 괴테 ·

여러분은 자신의 삶에서 가장 우선시하는 것이 무엇인가? 즉, 여러분의 가치관은 무엇인가? 훌륭한 삶을 살고 있다고 일컬어지는 성공한 사람들은 가치관을 이야기할 때 '삶에 대한 가치'를 절대 우위에 둔다. 미국의 갑부인 워런 버핏Warren Buffett이 자기 재산의 85퍼센트를 마이크로 소프트 창업자 빌 게이츠Bill Gates 부부가 세운 '빌 앤 멜린다 게이츠 재단'에 기부했다. 프랑스 출신 의사였던 슈바이처Albert Schweitzer 박사는 자신에게 주어진 기회를 버리고 오직 소외된 사람들을 위해 아프리카의 밀림에 병원을 세우고 봉사하는 삶을 삶으로써 전 세계에 커다란 영향을 끼쳤다.

우리 역사에서도 자신이 생각하는 가치에 따라 목숨을 내건 사람들이 무척 많다. 이순신 장군은 임진왜란 당시 조선 수군의 최고 리더였으며, 탁월한 리더십으로 모든 해전을 승리로 이끌었다. 이처럼 사람은 자신의 가치에 따라 목숨까지 내놓는 존재이다. 평화주의자, 박애주의자, 현실주의자, 합리주의자 등 가치관은 저마다 다르게 표출된다. 자라온 환경, 교육, 배움과 재능, 관심, 취미, 성격과 기질 등이 모두 다르기 때문이다.

내 가치관의 우선순위는 무엇입니까

여러분은 자신의 가치관에 대한 우선순위를 깊이 생각해본 적이 있는가? 의외로 많은 이들이 자신의 가치관이 무엇인지도 모르고 살고 있다. 때때로 생각은 하지만 구체적으로 표현하지 못하는 이들도 허다하다. 자신의 가치관이 확고하게 정립되어 있지 않으면 어떤 선택의 순간이 왔을 때 혼란을 겪고 흔들리게 된다. 결국 되돌릴 수 없는 판단을 하게 되고 자신의 인생에 오명을 남기기 쉽다. 이처럼 가치관은 '나'를 표현할 수 있는 신념과도 관련이 깊다.

디오게네스Diogenes와 알렉산드로스Alexandros 대왕의 일화를 보자. 디오게네스는 가난하지만 부끄럼 없는 생활을 했던 영혼이 자유로운 철학자였다. 집도 없이 통 속에서 잠을 자고 음식도 남이 먹고 버린 것을 주워 먹기도 했다. 그래서 견유犬儒철학자로도 불린다. 소크라테스Socrates의 제자였던 안티스테네스Antisthenes를 찾아가 제자로 받아달라고 애원하여 겨우 철학을 배웠다. 대낮에도 램프를 들고 다니며 진정한 철학을 탐구했다고 한다.

　반면 알렉산드로스 대왕은 평생을 정복 전쟁에 바친 인물이다. 스무 살에 즉위하여 10여 년을 세계 정복을 위해 싸웠다. 알렉산드로스가 세상을 정복한 뒤 소문으로만 듣던 철학자 디오게네스를 찾아갔다. 그때 디오게네스는 자신의 오두막에서 햇볕을 쬐며 휴식을 즐기고 있었다. 알렉산더가 물었다.

　"난 천하를 정복한 알렉산드로스 대왕이다. 디오게네스여! 원하는 것이 무엇인가? 내 다 들어 줄 테니 말하라!"

　디오게네스는 이렇게 답했다.

　"아, 그러신가요! 당신이 내 햇빛을 가리고 있으니 방해하지 말고 비켜주시오."

　이 이야기를 들은 알렉산드로스는 이렇게 말했다고 한다.

　"내가 만약 정복자가 되지 않았다면 디오게네스와 같은 사람이 되고 싶도다!"

　누가 옳고 그름이 아니라 자신의 가치관이 서로 다르기 때문에 생각과 행동이 다름을 보여주는 예다. 알렉산드로스는 밖으로 표출되는 성격이고 디오게네스는 자신의 진리를 찾는 곳에 집중한 것이다. 여러분은 어떤 성향을 갖고 있는가? 어떤 일을 할 때 즐거운지, 자신이 중요하게 생각하는 것이 무엇인지 끊임없이 질문하고 스스로 답을 찾아야 한다.

　무엇을 할 때 성취감이나 행복함을 진하게 느끼는지 스스로 떠올려

보면 자신의 성향과 연결점을 찾을 수 있다. 경험과 어우러질 때 자신의 삶에 만족감이 충만하고 자신만의 독특한 가치관이 형성되어 길을 잃지 않고 거친 바다를 헤쳐나갈 방향타가 되어 준다.

○○회사 대리 ○○○로 찍힌 명함 외에 자신만의 명함을 만들어보자. 나는 현직 공무원이지만 동기부여가, 작가, 강연가로서의 명함을 지니고 있다. 여러분도 정체성과 직업을 함께 묶지 말고 자신만의 색깔을 가져보자. 겉으로는 평범한 회사원, 아르바이트생, 학생일지라도 여행 작가라든지 칼럼기고가, 플로리스트, 기타리스트, 요가 강사, 파워 블로거 등 직업과는 별개의 자신을 만들어보자. 직업과 나의 정체성을 동일시하지 않는 삶이 왜 바람직한지 하우석의《내 인생 5년 후》에서는 이렇게 말하고 있다.

"첫째, 자신의 삶을 주체적으로, 그리고 주도적으로 바라보게 된다. 예를 들어 당신이 A기업의 관리팀 대리라고 해보자. 당신은 A기업 관리팀 대리에 어울리는 사람으로 변해간다. 회사에서 인정받고, 연봉도 제법 내세울 만하다. 그렇게 7~8년이 흐르면 당신은 그 회사를 떠나서는 그 부서를 떠나서는 독립적으로 생존할 수 없는 사람이 되고 만다. 자립할 힘을 잃고 마는 것이다. 당신의 미래전략을 세울 때 우선 고려해야 할 사항은 직업이 아니라 유연한 정체성이다.

둘째, 남들의 말에 쉽게 휘둘리지 않는다. 정체성이 불분명한 사람은 과감하게 뛰어들지도 않고, 단호하게 거부하지도 않으면서 시간만 허비

한다.

셋째, 진정한 의미의 몰입을 경험하게 된다. 자기 정체성이 확실하게 정립된 사람에게 주어진 시간은 그 환경이 아무리 좋지 않아도 완전 몰입상태에 빠져들 수 있다. 가령 시끄럽고 번잡스러운 공항 터미널에서도 수백억 단위의 사업계획서를 쓸 수 있는 것이다.

넷째, 작은 이익보다는 커다란 대의를 따라 살게 된다.

다섯째, 풍부한 상상력을 발휘할 수 있다. 매일 반복되는 일상, 새로울 것도 없고 달라질 것도 없는 업무. 이런 나날이 지속되면 될수록 죽어가는 것이 있다. '상상력'이다. 자신이 누구이고 어느 곳을 지향하고 있는지 정확하게 알고 있는 사람은 모든 정보가 머릿속에서 쉴 새 없이 서로 네트워킹을 한다."

나는 누구인가

JW메리어트호텔 서울의 총지배인 매튜 쿠퍼Matthew Cooper 씨를 동아일보 한우신 기자가 인터뷰한 내용에 보면 이런 내용이 나온다. 그는 '일과 가정이 조화를 이루는 삶'을 실천 중이다. 퇴근 시간이 지났는데도 사무실에 앉아 있는 직원들이 많아 놀랐다고 한다. 직원들이 퇴근을 하지 않는 이유는 상사인 그가 사무실에 앉아 있기 때문이었다. 이후 쿠퍼 씨는 직원들에게 퇴근 시간이 되면 집에 가라고 틈날 때마다 말했다. 그럼에도 여전히 남아 있는 직원들이 있어 요즘엔 '퇴근 시간을 넘겨 남아 있는 사람은 일을 잘 못하는 사람'이라고 생각한다는 것을 널리 알리는 중이라고 한다.

"세계적인 호텔의 직원들은 대부분 하루 7시간에서 7시간 30분 정도 일합니다. 제 소망은 우리 직원들이 '효율적으로 일하는 사람'이 돼서 세계 어느 호텔에 가서도 인정받는 것입니다."

직원들이 하루 8시간 이내로 일하는 것은 회사에도 이득이라는 것이 쿠퍼 씨의 지론이다. 그는 한국과 한국인이 좀 더 웃을 수 있기를 바란다고 했다. 또한 아빠와 남편 역할이 먼저이고 그다음이 호텔 일이라는 말을 전한다.

"여러분의 부모 세대 때는 '누구보다 열심히 일해야 승진할 수 있다'는 말이 통했겠지요. 이제는 다음 세대에게 가족을 생각하고 삶과 일의 조화를 이뤄야 한다고 말해줘야 할 때입니다. 우리가 열심히 일하는 것도 가족에게 행복을 선사할 수 있을 때 가치가 있는 것이니까요."

자신이 누구인지, 자신의 삶이 원하는 방향으로 흘러가고 있는지, 자신이 생각하는 최고의 가치는 무엇인지 끊임없이 질문하기 바란다. 자신의 삶에 대한 가치를 아는 사람만이 인생의 중차대한 갈림길에 섰을 때 올바른 선택을 할 수가 있다.

그러기 위해선 나의 장점과 단점, 남들에게 드러내고 싶은 모습, 보여주기 싫은 모습 등 객관적으로 자신을 통찰해야 한다. 그것을 '자기 객관화'라고 한다. 살아가면서 수없이 하는 질문 중의 하나가 '나는 누구인가?'다. 남들보다 자신의 존재 가치를 빨리 파악할수록 자신이 원하는 삶을 살아갈 수 있다는 것을 기억하자. 삶이란 수없이 질문하면서 해답을 찾아가는 자기 성찰의 여정이다.

나는 누구인가?

성공한 인생이란 자신이 하고 싶은 일을 하는 것

_2장_

삶은 운명이 아니라 도전 이다

68.
120

세상은 꿈을 포기하지 않고 계속 도전하는 사람 편이다

우리에게 뭔가 시도할 용기가 없다면
삶이 도대체 무슨 의미가 있겠어?

·빈센트 반 고흐·

소설가 조정래, 무척 좋아하고 존경한다. 끝없는 집념과 열정이 뿜어 나오기 때문이다. 그는 불혹의 나이에 대하소설 《태백산맥》 집필을 시작했다. 탈고 후에 이어서 《한강》과 《아리랑》을 동시에 집필해 내려갔다. 원고를 마쳤을 즈음 그는 환갑에 이른다. 집필 당시에는 술 한 모금도 입에 대지 않고 오로지 책 쓰기에 집중했다고 한다. 대하소설을 쓰는 것은 끊임없이 계속되는 중노동이기에 스스로 '20년 장기수 생활'이었다고 고백할 정도였다.

책을 쓰는 일은 끊임없는 자신과의 싸움이다. 칼럼 하나 쓰는 데도 몇 시간씩 매달리곤 하는데 20여 년 동안 오로지 책만 쓰는 데 집중하여 이 세상에 선보이는 일은 실로 엄청난 일이다. 그는 자신 스스로 해이해지는 방법을 막기 위해 집필 누계표를 만들어 놓고 매일 얼마만큼 썼는지 체크했다고 한다. 《태백산맥》 마지막 10권을 집필하고 있을 때 아버지가 돌아가셨는데 임종을 지켜보지 못했다. 장례를 치르는 4일 동안 집필을 중단하고, 그 다음 날부터 집필을 시작했다. 또한 집필기간 동안 내내 새벽 3시까지 깨어 있었으며 긴장의 끈을 놓지 않기 위해 2시간 간격으로 세수를 했다고 한다.

그는 "소설은 인생의 탐구이고 인간에 대한 탐구이다. 작가는 주장하거나 해결하는 사람이 아니라 그대로를 보여주는 사람이다."라고 말한다. 그 결과물이 원고지 16,500장으로 나왔던 것이다. 뼈를 깎는 고통이 수반되었을 것이다.

또한, 그는 말한다.

"성공한 인생이란 자신이 하고 싶은 일을 하는 것이다."

여러분은 지금 성공한 인생, 즉 자신이 하고 싶은 일을 하고 있는가?

어려움 속에도 희망을 잃지 않기

《돈키호테》를 쓴 세르반테스Miguel de Cervantes는 보통 사람들이 상상하지 못할 정도의 생활고에 시달렸다. 너무나 가난한 나머지 제대로 교육도 받지 못한 그는 작가가 될 때까지 숱한 역경을 견뎌내야 했다. 스물네 살 때는 이탈리아 주재 에스파냐 군대에 입대하여 1571년 역사적으로 유명한 레판토 해전에 참전했다. 이때 그는 왼손을 평생 사용하지 못할 상처를 입었다. 1575년 에스파냐 해군 총사령관의 표창장을 받고 에스파냐로 귀국하던 도중, 당시 지중해에서 약탈을 일삼던 해적들에게 습격을 당해 1580년까지 장장 5년간 알제리에서 노예생활을 했다.

그는 38세 때부터 희곡을 쓰기 시작했지만 전혀 팔리지 않아 극심한 생활고에 시달렸다. 생계를 위해 할 수 없이 세금 징수원이 되었는데 영수증을 잘못 발행하는 바람에 감옥에 수감되기도 했다.

그러나 온갖 어려움 속에서도 그는 희망을 잃지 않았다. 그 결과 1605년 옥중에서 《돈키호테》를 집필하기에 이른다. 당시 그의 나이 58세였다. 그는 이 한 편의 책으로 세계적인 작가의 반열에 올라서게 되었다.

살다 보면 누구에게나 시련과 역경이 닥친다. 그러나 그 시련과 역경을 헤쳐나갈 도전정신이 있느냐 없느냐에 따라 여러분의 삶은 달라진다. 우리 삶은 성공보다 실패를 통해 더 많은 것을 배우고 성장한다. 실패가 두려워 시도하지 않는 것은 나약한 행동이다. 경험은 실패로 배우는 것이다. 학교생활과 직장생활이 힘들면 힘들수록, 자신의 처지가 괴로우면 괴로울수록 꿈과 목표를 강하게 붙들어야 한다.

만화가 허영만은 어릴 적부터 그림 그리는 재주가 남달랐다. 대학교에서 서양화를 전공하여 화가가 되어야겠다는 꿈을 가졌다. 그러나 아버지의 사업 부도로 그 꿈은 산산조각이 나고 말았다. 그는 가정 형편이 어려워 화가 대신 만화가를 선택했다. 그림으로 돈을 벌어야겠다는 생각을 했기 때문이다. 그러나 당시 사회적 분위기는 만화를 천시하는 시절이라 그가 만화가가 되겠다고 선언했을 때 가족들은 완강히 반대했다. 그는 고등학교를 졸업하자마자 서울로 상경해 한 만화가의 문하생으로 들어갔다. 그는 바닥부터 시작해서 성실하게 문하생 생활을 했다. 당시 문하생 가운데 단연 최고라는 말을 들을 정도로 치열하게 그렸다.

그 후 독립한 그는 새벽부터 저녁까지 지독하게 만화에 집중했다. 사물이 잘 떠오르지 않을 때는 밤을 새우면서 고민했다. 그는 이렇게 말했다.

"나는 엄청난 양의 자료를 찾는다. 그릴 줄 몰라서 자료를 찾는 것이 아니다. 이를테면 풋고추의 매운맛까지 느낄 수 있도록 그리려고 자료를 찾는 것이다."

그는 한국인이 가장 좋아하는 만화가이자 편집자들이 가장 신뢰하는 저자이며, 젊은 만화가들이 가장 닮고 싶어 하는 스승이다.

자신과 만나는 시간을 갖자

노벨 문학상 수상작가 헤르만 헤세Hermann Hesse는 14세 때 목사가 되기 위해 마울브론 신학교에 입학했다. 그러나 신학교의 속박된 규율을 제대로 지키지 못해 반년 만에 퇴학을 당하고 만다. 그 일로 인해 그는 극도의 신경 쇠약으로 자살을 시도하는 등 노이로제에 시달렸다. 그 후 서점 점원생활을 하면서 글을 쓰기 시작했는데 그때 탄생된 소설이 바로 《수레바퀴 밑에서》다.

헤르만 헤세는 말했다.

"중요한 일은 다만 자기에게 지금 부여된 길을 한결같이 똑바로 나가고, 그것을 다른 사람들의 길과 비교하지 않는 것이다."

많은 사람들은 주변과 비교하고 의식하면서 살아간다. 주변 친구 눈치 보랴, 회사 동료와 직장 상사 눈치 보랴 나만의 색깔이 없다. 워크숍을 가려는데 어디가 좋은지 물어봐도 자기의 의견을 내비치지 않고 조용히 있다가 주변 사람들 눈치 보며 따라 한다. 음식 메뉴도 '아무거나'다. 인생에 있어서 성공한 사람들은 자신이 그려놓은 확고한 꿈만을 향해 전진한다. 남을 의식하지 않고 묵묵히 제 갈 길을 걸어간다.

하루 중 나 자신과 만나는 시간은 얼마나 될까? 우리는 살아가면서 많은 사람과 만나며 살면서도 정작 나 자신과의 만남은 없이 그저 주변에 휩싸여 살아가는 이들이 너무 많다.

세상은 꿈을 포기하지 않고 앞만 보고 도전하는 사람의 편이다. 시련과 역경을 두려워하지 않는 사람만이 자신이 원하는 바를 성취하고 창조적인 삶을 살아간다. 결심만 하고 행동으로 옮기지 않는 사람은 절대 꿈을 이룰 수 없다. 자신의 꿈을 이루기 위해서는 독하지 않으면 안 된다. 독하다는 것은 자신의 꿈을 물고 늘어지는 근성이다.

우리 청춘들! 한 번뿐인 인생, 인생이란 도화지에 자신의 꿈을 명품으로 그려보자.

콤플렉스를
슬기롭게 극복할 수 있을까

이것은 나 자신을 위한 순간이다.
내가 현재의 편안한 위치를 벗어나서 모험을 하지 않는다면
내가 많은 시간을 그대로 허비해 버린다면
나의 순간, 나의 기회는 그냥 지나가 버리고 말 것이다.

·하워드 슐츠·

직장생활을 하다 보면 시시때때로 술자리를 갖게 된다. 회식 자리에서는 업무에 쌓인 스트레스를 풀고 한편으로는 동료나 상사와의 껄끄러운 감정을 해소하기도 한다. 또한 비생산적인 이야기로 시간을 보내기도 한다. 아마도 여러분이 신입사원이라면 직장생활하는 동안 많은 술자리를 주기적으로 갖게 될 것이다. 특히 우리나라는 퇴근 후 음주 문화가 발달되어 있기 때문에 생각보다 훨씬 많다는 걸 기억하길 바란다.

술 권하는 사회

보통 직장인의 경우 직장생활을 하는 동안엔 평생 술과 함께 라고해도 과언이 아니다. 보건복지부가 2013년에 분석한 바에 의하면 한국의

20세 이상 성인들이 인당 연간 소비하는 주량이 맥주(500㎖)가 356캔, 소주(360㎖)가 123.7병이나 된다고 한다. 1년 동안 마신 술병을 쌓아놓고 본다면 엄청난 양의 술병에 놀랄 것이다.

우리의 직장 생활은 타인들과의 끊임없는 관계의 시간이다. 그 시간에 있어 서로가 좋은 관계로 높은 성과를 내는 경우도 있고, 때론 불협화음으로 갈등을 초래하기도 한다. 단 한 명도 똑같은 사람이 없기 때문에 직장생활을 통해 자신의 꿈을 이루기도 하고, 또 어떤 이는 상처를 받을 대로 받은 상태에서 직장을 떠나게 되기도 한다. 한평생 직장에 몸바쳐 영예롭게 퇴임을 하는가 하면, 갑작스러운 해고 통지로 아무런 준비도 없이 참담한 결과를 맛보기도 한다.

내가 아는 C도 대기업에 다니다 권고사직을 당해서 집에서 쉬고 있다. 말로만 듣던 권고사직을 가까운 사람이 당하고 보니 마음이 아렸다. 또 다른 K는 내로라하는 대기업에서 얼마 전 명퇴했다. 그리고 지방에 센터를 차려 1인 기업으로 나설 준비를 하고 있다. 버티고 살아남는 것만도 쉽지 않다. 가족들 생각해서 죽기 살기로 버텨내거나, 버티지 못한 사람들은 낙오되기도 한다. 경쟁이 일상이 된 시대다 보니 많은 직장인들이 얼굴에는 혈색이 없고 어깨는 늘 무겁다.

직장 생활을 오래할수록 가끔은 자신감까지 결여되어 간다. 여러분 앞에서는 강한 척 큰소리치지만 그들 역시 나약하며 아랫사람 눈치 보랴 윗사람 눈치 보랴 가시방석이다. 그러나 다음 이야기를 들으면 어쩜 배부른 투정이 아닌가 생각할지도 모른다.

롤모델이 필요해

기다리고 기다리던 아이가 탄생했다.

"응애!"

애타게 기다렸던 아이라 분만실 앞에서 서성이던 아버지의 얼굴은 매우 밝았다. 잠시 후 문이 열리더니 간호사가 나왔다. 그러나 간호사의 얼굴빛은 잿빛이었고 함께 나온 의사의 표정도 심하게 굳어 있었다.

"왜 그러시죠? 우리 아기는요?"

간호사는 아버지에게 천에 휩싸인 아기를 보여줬다. 양팔이 보이지 않은 것이다. 아버지는 너무 참담했다. 그러나 아기는 팔만 없는 것이 아니라 양다리도 없었다.

"아니! 이럴 수가! 이럴 수가!" 아버지는 도저히 믿을 수가 없었다. 아버지는 휘청거리며 걷지도 못했다. 아기를 처음 본 순간 산모는 기절을 하고 말았다. 양팔과 양다리가 없는 자신의 아기를 도저히 인정할 수가 없었던 것이다. 엄마는 넉 달이 지나서 겨우 아기를 안았다. 온 몸뚱이에서 겨우 왼쪽 발가락만 있는데 그것도 겨우 두 개 뿐이었다. 주변 사람들은 도저히 세상을 살아갈 수 없을 거라 여겼다. 아이 역시 너무도 암담하고 비참한 나머지 삶을 끝내려고 했다. 죽으려고 생각하다가 부모에 대한 죄책감이 들어 목숨을 끊지 않았는데 그가 절망을 벗어나는 데는 많은 힘이 들었다. 그의 아버지는 18개월 된 아이에게 수영을 가르쳤고 간호사인 어머니는 발가락으로 타자를 가르쳤다. 그는 그런 몸으로 특수학교에 가지 않고 일반학교에서 생활했다. 그러나 학교 측에서는 모든 것을 스스로 한다는 조건을 걸었다. 부모는 책상 위에 앉아 발가락 2개로 글씨 쓰는 법, 밥 먹는 법, 누웠다 일어나는 법, 화장실 가는 법까지 모든 것을 가르쳤다. 하나를 터득하기 위해선 수백 번, 수천 번을 연습해야 했다.

어느 날 그는 거울을 보며 깨달았다. 그동안 자신이 가지지 못한 것만 보면서 좌절하고 분노해왔다는 사실이었다. 자신이 가진 것을 바라보는 순간 행복을 알게 됐다.

"그래, 나는 팔다리가 없지만 맑은 눈을 가지고 있잖아!"

그가 바로 호주의 동기부여가 닉 부이치치Nick Vujicic다. 그의 경이로운 동영상을 보며 눈물을 흘렸다. 정상적인 생활을 하리라곤 상상조차 못했는데 지금은 어떤가? 정말 멀쩡한 사람들보다 훨씬 행복하고 차원이 다른 삶을 살고 있다. 도움을 받는 것이 아니라 전 세계인들에게 도움을 주고 있다. 희망 대신 절망과 신에 대한 분노로 가득 찼던 그가 세계인에게 어려운 일에 도전하는 꿈을 심어주는 동기부여 강사가 된 것이다. 표정은 또 얼마나 해맑은지 모른다.

그는 말한다.

"내가 가진 단점이 아닌 장점에 집중하세요. 행복은 밖에서 찾는 게 아니에요. 행복은 1등을 한다고 오는 게 아닙니다. 여러분의 꿈을, 운명을 찾아야 해요. 여러분은 100번 시도해서 100번 실패하면 그냥 포기하나요? 100번 넘어진다고 그게 실패자인가요? 우리 모두 실패하고 실패는 교훈을 줍니다. 실패할 때마다 무언가를 배우고 강해질 거예요. 절대 포기하지 마세요.

당신이 어떤 모습이든 당신은 소중하고 아름답습니다. 휠체어를 타든 아니든 가난하든 부자든 CEO이든 평범하든 당신은 소중해요. 인생의 소중한 것들은 절대 돈을 주고 살 수 없습니다. 그 누구도 여러분의 가치와 기쁨을 빼앗아 갈 수 없습니다. 계속 시도하고 절대 절대 절대 포기하지 마세요. 저는 수천 번, 수만 번 이렇게 넘어졌습니다. 그럴 때마다 다시 한 번, 또다시 한 번 시도했어요. 그러다 마침내 벌떡 일어서는 방법을 깨우쳤답니다. 자, 보세요!"

그는 책과 전화기를 이마에 대고 일어선다.

"온 세상 사람들이 '팔다리 없이는 살 수 없어'라고 외치더라도 그 말을 고스란히 받아들일 필요는 없습니다. 그건 그들의 의견입니다. 남들의 시각대로 살지 말고 자신의 시각대로 살아가십시오. 당신은 해낼 수 있습니다. 세계 각국의 청소년들이 삶을 포기하고 있습니다. 한국 청소년들에게 부탁하고 싶습니다. 한국은 OECD 국가 중 자살률 1위고 하루 평균 40명이 세상을 등집니다. 절대 포기하지 마세요. 제가 할 수 있으면 여러분도 할 수 있어요. 오늘은 오늘만 생각하고 사랑하는 방법을 배우고 본인을 좀 더 사랑하세요. 자신을, 자신의 꿈을, 자신의 목표를, 더 좋은 대한민국을 믿으세요. 저는 당신을 정말 사랑합니다.

톱스타를 보고 그들은 모든 걸 다 가졌다 생각하죠. 그러나 그들도 고통과 시련을 겪어요. 그래서 서로의 힘이 필요하고 각자의 롤모델이 필요해요. 저는 여러분의 롤모델이 되고 싶어요." (편집자 주: 이 인터뷰 내용은 〈SBS

힐링캠프 기쁘지 아니한가〉 2013년 6월 17일 자 방송에서 한 내용을 인용한 것임을 밝힙니다.)

그는 보통 사람들이 할 수 있는 모든 것들을 마스터 했다. 수영, 골프, 다이빙, 서핑, 드럼도 능숙하고 행복을 퍼다 날리는 전도사로서의 행복한 삶을 살고 있다. 그러나 우리는 어떠한가? 모든 것들이 자유롭고, 어떤 일도 할 수 있음에도 현실에 불평하고 쉽게 좌절한다.

'언젠가'는 오지 않는다

나는 여러분한테 유쾌하게 생활하기를 권한다. '언젠가는 행복하겠지. 언젠가는 부자가 될 거야. 공부 좀 해야 하는데. 책 좀 읽어야 하는데……' 그러다 보면 아무것도 하지 못한다. '언젠가는'이 아닌 '지금 당장'으로 바꿔보고 실행하자.

우리의 삶은 유한하다. 나 역시도 마음은 이팔청춘이고 여고생의 순수한 마음이 아직도 남아 있다. 그때의 기억들이 너무도 생생하지만 현실은 불혹을 넘긴 지 오래다. 이제는 과거에서 벗어나 미래만을 생각해야 한다. 전에는 과거의 추억 속에서 헤맨 적도 많았지만 지금은 앞으로 살아가야 할 미래를 꿈꾸고 준비하는 것으로 바뀌었다. 주어진 하루하루가 참으로 감사하고 행복하다. 생각이 바뀌면 행동이 바뀌고 행동이 바뀌면 자신의 운명까지 바뀐다는 것을 많은 사람들은 경험했고 이야기한다. 포기하면 끝이지만 포기하지 않는 한 가능성은 항상 존재한다. 그리고 시도하면 할수록 점점 구체화된다.

내가 건강하게 살고 있다는 감사한 마음만 있다면 여러분은 자신이 원하는 멋진 미래를 쥐락펴락할 수 있다. 나는 여러분이 사회생활하면서 수없이 겪을 경험을 자양분 삼아 자신만의 삶으로 바꿔가면서 멋진 인생을 살아가길 바란다.

불꽃은 햇빛이 한 초점으로
집중될 때 태어난다

에너지는 인생의 정수다.
여러분은 무엇을 원하는지, 그 목표에 도달하기 위해 무엇이 필요한지 알고
그 목표에 집중하면서 에너지를 어떻게 사용할지 매일 결정해야 한다.
·오프라 윈프리·

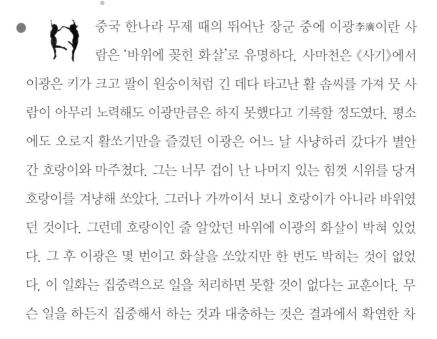

중국 한나라 무제 때의 뛰어난 장군 중에 이광李廣이란 사람은 '바위에 꽂힌 화살'로 유명하다. 사마천은 《사기》에서 이광은 키가 크고 팔이 원숭이처럼 긴 데다 타고난 활 솜씨를 가져 뭇 사람이 아무리 노력해도 이광만큼은 하지 못했다고 기록할 정도였다. 평소에도 오로지 활쏘기만을 즐겼던 이광은 어느 날 사냥하러 갔다가 별안간 호랑이와 마주쳤다. 그는 너무 겁이 난 나머지 있는 힘껏 시위를 당겨 호랑이를 겨냥해 쏘았다. 그러나 가까이서 보니 호랑이가 아니라 바위였던 것이다. 그런데 호랑이인 줄 알았던 바위에 이광의 화살이 박혀 있었다. 그 후 이광은 몇 번이고 화살을 쏘았지만 한 번도 박히는 것이 없었다. 이 일화는 집중력으로 일을 처리하면 못할 것이 없다는 교훈이다. 무슨 일을 하든지 집중해서 하는 것과 대충하는 것은 결과에서 확연한 차

이를 보인다.

적절한 휴식으로 집중력을 유지한다

일도 마찬가지다. 집중 근무시간을 정해놓고 그 시간에는 메신저나 휴대폰을 사용하지 않고 열심히 일하는 것이다. 아인슈타인은 "제대로 집중하면 6시간 걸릴 일을 30분 만에 끝낼 수 있지만, 그렇지 못하면 30분이면 끝낼 일을 6시간 해도 끝내지 못한다."고 했다.

집중력은 꽤나 많은 에너지 소모를 요구한다. 그러므로 휴식시간은 철저하게 쉬어야 몸이 충분히 이완돼 다시 일로 복귀했을 때 온전히 집중력을 발휘할 수 있다. 70대 초반에 제2차 세계대전을 겪었던 윈스턴 처칠은 하루에 16시간씩 일했다. 그는 매일 오전 11시까지 중요한 일을 하고, 지시하는 업무는 침대에서 했다. 점심 후 다시 침대로 가서 한 시간의 잠을 청하고 저녁에 한 번 더 침대에서 두어 시간 잠을 잤다. 그리고 나머지 시간에 집중적으로 일을 처리한 것이다. 존 D. 록펠러도 98세까지 장수할 수 있었던 비결이 매일 정오에 30분 동안 낮잠 자는 습관을 들었다. 하루 종일 열심히 일하는 도중에 잠깐씩 잠을 자면서 피로를 푼 것이다.

내가 모셨던 모 과장님은 참으로 부지런하시다. 새벽 4시면 깨어 10킬로 정도 조깅을 하고 사무실도 제일 먼저 출근하신다. 사무실의 난이나 화초에 물을 주고 다시 아침 운동을 40여 분 하고 하루를 시작하신다. 그렇게 평생 운동한 덕분인지 체력이 좋으셔서 늘 에너지가 넘치고 몸이 가볍다. 하지만 점심식사 후 오후 업무시작 전 30분 정도 낮잠을 취하신다. 그 잠으로 피로를 풀고 오후 업무를 집중적으로 일할 수 있는 에너지를 충전한다고 하셨다.

프레드릭 테일러Frederick Taylor는 베들레헴 철강 회사에서 과학 관리 기술자로 일하면서 한 가지 사실을 발견한다. 노동에 집중하는 사람일수록 휴식을 많이 취해줘야 한다는 사실이다. 노동자 한 명이 하루에 47톤을 옮길 수 있음에도 대부분의 노동자들이 정오가 되면 몹시 지쳐버려 하루에 12.5톤 정도만 옮기는데 그치는 경우가 많은 것은 적절한 휴식의 부재에서 기인한다는 것이었다.

그는 직원 한 명을 선택해 증명했다. 선철을 들고 가다 쉬고, 걷고, 쉬고를 반복했다. 그렇게 하자 작업인부는 다른 사람이 12.5톤을 옮기는 사이 47톤을 옮겼다. 작업인부가 그렇게 할 수 있었던 이유는 지치기 전에 휴식을 취했기 때문이다. 일하면서 지치기 전에 쉬기를 반복해 다른 사람들보다 4배 가까운 일을 소화해 낸 것이다. 지치기 전에 휴식하고 집중해서 일하는 것이 평범한 사람의 24시간보다 많은 25시간 이상의 효율을 갖게 된 것이다.

내가 잘하는 것을 선택해 전문성을 키운다

아프리카 사바나 초원에서 사냥 성공률이 가장 높은 동물로 리카온이 있다. 하이에나와 비슷하지만 오히려 몸집이나 생김새가 늑대에 가깝다. 무리를 이루어 먹이 사냥을 하는데 사회성이 강해 우두머리를 중심으로 결속력을 과시하면서 각종 영양을 습격한다. 때로는 4~5km까지도 추적할 만큼 지구력도 대단하다. 먹잇감을 추적하여 따라 잡으면 1마리가 콧등을 누르고, 동시에 많은 무리가 한꺼번에 달려들어 순식간에 먹어치운다. 표적을 정확히 선택하여 많은 힘을 집중시켜 사냥하기 때문에 성공률이 높은 것이다. 사람도 마찬가지다. 이것저것 얇고 넓은 것보다 다소 좁더라고 깊은 우물을 파야 성공할 확률이 높다. 아무리 유능해도 모든 부분을 다 잘할 수는 없다. 선택과 집중이 필요하다.

공직생활도 다를 바 없다. 자신의 업무에서 성과를 내야 하는 건 기본이지만 직원들 사이에서 '누구누구' 하면 기획의 달인으로 통하는 사람이 있다. 또한 어느 직원 하면 영어회화를 능숙하게 잘해서 통역을 맡도록 한다. 또 다른 직원은 일반 행정직임에도 불구하고 기술직들이 하는 설계나 건축에 능통한 직원도 있다. 그런 직원들은 근무하면서 자신의 브랜드 가치를 높여 어느 곳에서나 자신의 기량을 발휘할 수 있는 기회가 주어진다.

노벨화학상을 받았던 일본의 다나까 고이치는[田中耕一] 다른 노벨상 수상자와는 달리 평범한 샐러리맨 연구원이었다. 직장생활도 여러 번의 좌절과 도전 끝에 겨우 들어간 곳이 시즈마 제작소라는 회사였다. 그는 평사원이었지만 이 회사가 생명공학으로 사업 영역을 넓혀 유전자·단백질 분석기기의 개발에 박차를 가하고 있을 때였기에 기술연구본부 중앙연구소에서 줄곧 분석계측기 연구 업무에 종사했다. 대학생 시절 다나 카는 평범한 학생이었고 대학도 한 해 더 다녔다. 그러나 그는 무엇보다도 낡은 가치관에 얽매이지 않는 정신의 소유자였다. 그가 승진이나 돈에 아랑곳하지 않고 연구에만 전념할 수 있었던 것도 이 때문이었다. 한 우물만을 파는 장인정신으로 자신의 일에 철저하게 몰두한 결과 연성 레이저 이탈기법을 개발한 공로로 2002년 노벨화학상을 수상하였다. 학계와 관련이 없는 민간 연구원이 노벨 과학상을 수상한 사례로는 두 번째이며 학사 출신으로서는 처음이었다. 노벨상은 평범한 연구원에게 허황된 꿈이 아니라 선택과 집중의 결과였다.

세계적인 컨설팅기업 타워스왓슨이 발표한 '2012 글로벌 인적자원 연구'에 따르면 한국 직장인의 84퍼센트는 자신의 업무에 몰입하지 못하는 것으로 나타났다. 또한 경영진의 리더십에 대해 신뢰한다고 답한 직장인 비율이 37퍼센트로 스페인, 이탈리아, 아일랜드 등 최근 경제위기로 고전 중인 나라들의 평균(38%)과 유사한 수준에 그쳤다. 한국 직장인 1,000명을 포함, 전 세계 28개 국가, 29개 마켓의 3만 2천명이 참여한 이 연구에서 지속성 있게 업무에 몰입하는 한국 직장인은 전체의 16퍼센트로, 글로벌 평균인 35퍼센트 대비 현저히 낮게 조사되었다. 한국이 속한 아시아권에서 지속적 몰입도가 낮은 국가들은 일본(14%), 홍콩(15%), 대만(15%), 한국(16%)의 순이었고, 중국이나 인도 등 고성장 지역은 약 50퍼센트 가량이 지속성 있게 몰입하고 있는 모습을 보였다. 전체적으로는 80퍼센트 이상의 한국 직장인은 지속성 있게 업무에 몰입하지 못하고 있는 것으로 나타났다.

업무에 몰입하는 여러 가지 방법들

업무에 몰입을 하기 위해 필요한 것은 무엇보다도 '마음가짐'이다. 나는 잠자리에 들기 전 하루를 되돌아보는 시간을 꼭 가진다. 혹시 오늘 만난 이들에게 심한 말을 던지지 않았는지, 똑같은 실수를 반복하지는 않았는지 자기반성의 시간을 갖는다. 반성의 시간을 갖게 되면 나 자신을 객관적으로 바라볼 수 있게 된다. 마무리는 늘 감사로 끝낸다. 반성과 함께 감사해야 할 것들을 찾으면 끊임없이 꼬리를 물고 이어진다. 많은 사람들은 '내 상황이 바뀌면 정말 감사할 텐데'라고 생각하지만 순서를 바꿔보자. '내 상황에 정말 감사하다'라고 말이다. 이런 반성과 감사의 행동을 매일 되풀이 하다 보면 똑같은 일을 하더라도 자신감이 생기고 집중력도 높아진다. 반성의 시간은 하루를 복기하여 실수나 아쉬웠던 점을 반복하지 않도록 성찰하는 시간이며, 계획은 내일 하루를 어떻게 하면 효율적으로 보낼지 미리 구상해 보는 시간이다. 이런 반성과 감사가 결국 일을 잘할 수 있는 힘이 된다.

다음으로는 집중이 잘되는 시간을 찾아야 한다. 내 스타일이 새벽형인지 올빼미형인지 파악하여 자신에게 맞는 시간을 찾아 집중하는 것이다. 올빼미형인 경우는 밤에 집중이 잘되기 때문에 잠들기 전 수첩에 메모를 해두면 아침에 허둥대지 않는다. 각기 다른 바이오리듬이 있기 때문에 어떤 스타일이 좋다, 좋지 않다고는 말할 수 없으니 자신에게 맞는 시간을 찾아보자.

　나는 새벽형보다 다소 늦은 아침형이다. 다른 직원보다 한 시간 정도 일찍 출근해서 그 날 할 일을 수첩에 적는다. 공문 기한이 며칠까지인가, 어디로 출장을 가야겠다는 계획을 메모한다. 일이 완결되면 줄을 그어 지운다.

　공문을 접수만 하고 넘어가면 제출 기한을 넘기거나 임박해서 아는 경우가 있다. 메모를 하지 않으면 당최 기억이 나지 않는다. '기록이 기억을 지배한다.'는 말이 나에게 꼭 필요한 말이다. 그래서 내 필수품은 휴대폰의 메모장이다. 강의를 들을 때나 교육받을 때 휴대폰 메모장을 이용하면 편리하다. 캘린더를 이용해 입력해두면 미리 알려주기까지 한다. 다양한 기능의 메모 어플을 다운받아 사용할 수도 있지만 나는 휴대폰 기본 기능에 있는 메모장이나 캘린더를 이용하고 있다.

　〈월스트리트 저널〉이 뽑은 세계에서 가장 영향력 있는 비즈니스 철학자로 선정된 적이 있는 창의경영 대가인 게리 하멜Gary Hamel은 다음과 같이 말했다.

　"국가가 집중할 것은 국제무대에서 경쟁력이 높은 분야를 발굴하는 것이고, 기업이 집중할 것은 세계시장을 점유할 수 있는 특수상품을 발굴하는 것이고, 개인이 집중할 것은 자신의 장점을 살릴 수 있는 영역을 발굴하고 개발하는 것이다."

알렉산더 그레이엄 벨Alexander Graham Bell은 "당신이 하고 있는 일에 온 정신을 집중하라! 햇빛은 한 초점에 모아질 때만 불꽃을 내는 법이다."라고 했다. 돋보기의 발화점은 한 곳에 집중할 때 뜨겁게 타오르는 불꽃을 만든다. 마음도 한 곳에 집중할 때 원하는 바를 성취할 수 있다.

불꽃을 만들 준비가 되었는가?

이제 영원한
직장은 없는가

세상의 궁지에 몰려 낭떠러지에 떨어지더라도 두려워하지 마.
낭떠러지에 떨어지는 순간 너에게 날개가 있다는 걸 알게 될 테니.
· 한비야 ·

어렸을 적엔 '저분은 어떻게 평생 회사를 다닐 수 있는 거지?'라는 의문을 품었었다. 학생 때는 즐거운 방학이 일 년에 두 번씩 꼬박꼬박 주어지고 부모님께 용돈 달라 손만 벌리면 척척 주셨기 때문에 평생 고달프고 견디기 힘든 회사는 다니지 말아야겠다고 생각했다. 그러나 지금은 여름휴가 일주일도 제대로 사용 못하고 평일 3일에 주말 껴서 5일 정도 쉬는 게 전부인 직장 생활을 이십 년 넘게 하고 있다. 지금은 공직에 뼈를 묻으리라 생각하며 근무하지만 '잘하고 있는 것일까? 내 직업이 천직일까?'라고 내 스스로에게 끊임없이 묻곤 했다.

새로운 시작을 준비하는 사람들을 위하여

많은 예능 프로그램을 제치고 1위를 차지한 적이 있는 프로인 〈아침

마당〉의 진행자 이금희 씨는 탄탄한 직장이자 최고의 직업인 KBS 아나운서직을 그만두고 프리랜서를 선언했다. 한국 여성들이 최고로 선망하던 직업을 그만둔 이유를 물었을 때 그녀는 이렇게 말했다.

"방송은 참 매력적이고 너무 사랑하는데 아나운서실 간부가 되어 후배들에게 방송 배정을 하는 업무를 감당할 자신이 없었어요."

결국 방송국을 떠나 프리랜서로 활동했고 점점 잘나가는 아나운서가 되었다. 그녀가 처음 프리랜서로 나왔을 때는 이런 기분이었다고 한다.

"처음엔 혼자 바다에 떠 있는 듯 막막했어요. 다행히 아나운서 시절에 맡았던 프로그램은 계속 맡았지만 방송이 끝나면 앉아 있을 자리가 없더군요. 차에서 혼자 김밥을 먹기도 하고, 앞날도 불투명하고……. 하지만 하루 종일 회사에 묶여 눈치 보는 것보다는 너무 자유롭고 행복하고 저 자신에게 충실할 수 있어 좋아요. 그만큼 더 방송도 열심히 하게 되고요. 바닥을 한 번 치고 나면 두려움도 사라져요. 일에 대한 확고한 열정만 있다면 뭐든 할 수 있어요."

또 한 명의 성공한 프리랜서인 아나운서 정은아 씨는 전문 MC를 꿈꾸는 이들에게 다음과 같은 말을 남겼다.

"프리랜서는 기획과 결제, 집행 등을 혼자서 하는 '1인 기업'이라고 할 수 있지요. 자신을 개별 상품 또는 소모품이 아니라 하나의 브랜드로 만들어야 하는 책임감과 부담감을 안고 기본기에 충실히 하는 자세가 중요하다고 봐요. 일을 선택하는 것 못지않게 거절하는 것도 중요하고요."

후배 한 명은 십 년 동안 다니던 직장을 육아 문제로 그만두었다. 사표를 쓸 때는 그간 회사에 충성했던 일들이 주마등처럼 스쳐 가더란다. 그러나 회사에 계속 남아있는 것은 자신이 바라는 삶이 아니었고 더 늦기 전에 아이들과 함께 지내기 위해 과감하게 사표를 썼다고 했다. 한결같이 다니던 직장을 그만두고 나니 한동안 어색하고 혹시라도 후회하면 어쩔까 하는 노파심이 들었는데 요즘은 매우 행복하다고 한다. 모든 사람이 이렇듯 퇴사하고 나서 행복하거나 프리랜서로 나와서 성공하는 것은 아니다. 요즘엔 평생직장이란 개념이 사라진 지 오래다. 혹시 여러분 중 이직을 꿈꾸고 있다면 자신이 심사숙고했을 테니 반대하지는 않는다. 그러나 몇 가지는 고려해보았으면 좋겠다.

첫째로, 사표나 프리랜서를 선언하기 전에 퇴사 후에 무엇을 할 것인지 준비해 놓자. 지금 당장 괴롭거나 사표를 내고 싶다고 하더라도 다른 일자리를 알아보고 사표 내라는 말이다. 어떤 사유로든지 퇴사 후 놀면서 직장을 다시 구하는 것과, 직장 다니며 준비하고 그만두는 것은 차이가 있다. 구체적인 계획을 세우고 퇴사나 이직하는 것이 바람직하다. 사람은 시작도 중요하지만 마무리가 더욱 중요하다. 직장 다니면서 나름대로 쌓아둔 평판을 깨버리지 않도록 유종의 미를 거두도록 하자. 퇴사 후에도 자신이 다녔던 직장을 기억할 때 좋은 이미지로 남도록 말이다. 자신이 비상할 수 있도록 꿈과 비전을 찾아 사표를 쓰는 것이지 꼴 보기 싫은 상사, 지긋지긋한 직장이라서 관둔다는 생각은 들지 않아야 한다.

둘째, 상처받지 말고 당당하게 사표 쓰자. 내가 아는 K는 서른 중반인데 직장만 서른 번을 옮겼다고 했다. 한 직장만 이십 년을 다니고 있는 나로서는 이해하기 힘들 정도로 많은 직장을 옮겨 다녔다. 들어보니 안 해 본 일이 없었다. 그런 것치곤 너무 밝다. 수십 번의 이직으로 의기소침해질 만도 한데 그런 모습이라곤 전혀 없다. 수없이 옮겨 다녔던 직장 편력이 자신의 적응력을 키워준 소중한 경험이 되어 주었던 것이다.

셋째, 퇴사할 때 경제적인 부분을 잘 점검하자. 지인의 딸은 대학 졸업 후 젊은이들의 로망인 여의도 쪽에 취직했다. 그러나 자신이 보는 것이 전부가 아니었다. 한 달 남짓 다니다 퇴사를 했는데 급여도 못 받고 나왔다. 대부분 일 년 이상 근무하면 퇴직금이 나온다. 혹시라도 그 즈음이 되었다면 조금만 참았다가 퇴직금까지 받고 나오면 된다. 아주 가까운 친척 중 남편은 공직에 있고 딸들이 커서 심심하단 이유로 회사에 입사했다. 일 년만 근무하고 퇴직금 받고 나온다더니 지금은 중간 관리자까지 승진해서 십 년 넘게 근무하고 있다. 몇 년 후면 정년퇴직인데 아마 그때까지 다니지 않을까 싶다.

자신의 의지와는 상관없이 회사가 문을 닫아 그만두는 경우도 봤다. 내가 아는 P는 한참 즐겁게 회사에 다니고 있는데 회사 대표가 물의를 빚어 할 수 없이 그만두었다. 대기업은 아니지만 직장에 다니면서 충분히 자기 계발할 수 있는 분위기였는데 안타까웠다. 다시 같은 직종으로 취직했지만 인생이 그렇듯 직장도 여러 변수가 있다는 것을 피부로 느꼈다.

100세 시대인 요즘엔 1인 기업이 대세다. 이십 년 이상 대기업에서 근무하다가도 1인 기업으로 나선 이도 있고, 일반 직장에서 열심히 근무하다 1인 기업으로 새롭게 출발한 사람도 주변에서 꽤 봤다. 나처럼 정년이 있는 직장도 있지만 평생 현역으로 있을 수 있는 직업인 1인 기업도 꽤 매력적이다.

스피치 컨설턴트이자 1인 창조 기업 코치인《1인 기업이 갑이다》의 저자 윤석일 씨 역시 평범한 직장인에서 1인 기업으로 성공한 케이스다. 그는 직장생활을 하면서 마음 한구석에 미래에 대한 불안감과 두려움을 떨치지 못하는 사람들을 생각하면서 책을 집필했다고 밝혔다. 직장생활이 만족스럽지 못하더라도 충동적으로 사표를 내기보다 미래를 생각하며 차근차근 1인 기업을 준비한다면 분명히 엄청난 금맥을 발견할 수 있음을 강조했다.

그는《1인 기업이 갑이다》에서 성공하는 1인 기업가가 되기 위해 두 가지 문제를 뛰어넘어야 한다고 말한다.

"첫째, 자신의 주력 콘텐츠에 대한 다양한 정보를 확보해야 한다. 1인 기업가들로부터 외롭다는 말을 자주 듣는다. 조직에 몸담고 있는 것이 아니고 혼자서 모든 것을 처리해야 하기 때문이다. 또한 앞으로 나아갈 길도 스스로 만들어야 한다. 즉, 정보를 같이 공유하고 나눌 사람이 적다는 것이다. 그래서 성공한 1인 기업가들은 모든 것을 활용해 지식과 정보를 확장하는 노력을 아끼지 않았다.

둘째, 자기 확신이 강해야 한다. 강한 확신을 갖고 행동해야 성공한 다는 것은 누구나 알고 있는 사실이다. 하지만 강한 확신 없이 끊임없는 의심과 회의에 빠지는 이들도 있는데 결과는 안 봐도 뻔하다. 1인 기업가 는 특성상 줄곧 불안, 두려움, 외로움과 싸워야 하는데 자기가 하는 일 에 대한 확신이 부족하면 쉽게 흔들린다. 성공한 1인 기업가들은 하고 싶은 일을 하겠다는 강한 확신을 가지고 있다. 네임 브랜딩에 성공하여 1 인 기업을 통해 1년에 수십억 원을 벌어들이는 성공 비결 가운데 하나가 바로 자기 확신이다."

또 다른 나를 찾아가는 과정

자신과 맞지 않는데 소가 도살장 끌려가듯 직장에 출근할 필요는 없 다. 그렇게 출근하면 하루가 얼마나 지겹고 괴롭겠는가? 그러니 세상 고 민 다진 듯 괴로워하며 다니지 말고 '정말로 내가 원하고, 재미있는 일이 무엇일까? 내가 진짜 행복하고 즐겁게 할 수 있는 것이 무엇일까?'를 생 각해보자. 분명히 답이 나올 것이다. 퇴사나 이직이라는 것이 또 다른 나를 찾아가는 과정이라고 생각하면 마음이 좀 가벼울까?

우리는 정말 행복해야 할 의무가 있다. 행복하지 않을 이유가 없다. 차분하게 생각하다 보면 실타래가 풀릴 것이다. 다만 퇴사나 이직을 고 민할 때 너무 감정에 치우쳐 상처받지 않도록 하자.

패션계의 전설 지아니 베르사체Gianni Versace는 이렇게 말했다.

"당신 자신이 되라. 트렌드에 빠지지 말라. 패션이 당신을 소유하도록 두지 말고 당신이 누구인지, 당신의 옷 입는 방식으로 무엇을 표현하고 싶은지 스스로 결정하라."

많은 사람들은 남을 의식하며 산다. 나만의 옷이 아닌 남에게 잘 보이기 위한 옷을 입느라 중요한 시간을 낭비한다. 그러다 보니 남과 비교하게 되고 행여 만족스럽지 못하면 자괴감에 빠지게 된다. 자신이 만족스럽다면 굳이 남과 비교하려 들까? 얼마나 많은 사람들이 자신의 삶보다 타인에게 보여주기 위한 삶을 살고 있는가. 그것은 거짓된 삶이고 속이는 삶이다. 진정한 자신을 찾기 위해 젊음을 바치는 것은 멋진 일이다. 젊음은 그러라고 있지 않을까?

내 시간은
나의 것

꿈을 품고 무언가 할 수 있다면 작은 일이라도 시작하라.
새로운 일을 시작하는 용기 속에 당신의 천재성과 능력,
기적이 모두 숨어 있다.

· 괴테 ·

직장에 처음 출근하면서부터 한두 달은 어떻게 지나는지 모르게 지나간다. 모든 것이 낯설고 새로워 긴장한 탓에 퇴근하면 몸이 뻐근하다. '오늘 내가 일을 제대로 하긴 한 걸까? 주변 동료들한테 적극적으로 행동한다고 느껴졌을까?'라는 생각부터 주변의 환경이 어색하기만 할 것이다. 그러나 신입사원은 싱싱하고 풋풋한 것이 생명이다. 마치 직장생활 십수 년 한 듯한 말투나 행동을 보이면 동료들은 그다지 좋아하지 않는다. 센스 있고 공손한 말투, 적극적인 업무 처리, 밝고 명랑한 표정을 지니며 근무한다면 충분히 사랑받을 수 있다.

근무시간은 충실히

직장은 총만 없지 전쟁터라고 한다. 그러나 내 경험으로 봐서는 직장

에서도 충분히 가족적인 분위기로 근무할 수 있다. 물론 배움의 목적인 학교와는 달리 월급을 받는 곳이기 때문에 성과를 내야 한다. 하지만 내가 나 자신을 사랑하고, 내 가족을 사랑하는 것처럼 내 직장을 사랑하는 마음을 가지고 근무한다면 직장생활, 의외로 재미있다. 직장생활이 재미있으면 성과는 자연적으로 따라온다. 물론 별의별 사람들이 있지만 좋은 사람들이 훨씬 많다. 그런 면에서 나는 내 직장을 사랑한다. 공무원은 일반 회사와는 달리 학력, 경력, 성별, 나이에 제한이 없는 것이 가장 큰 장점이다. 요즘은 공무원 시험 경쟁률이 워낙 높아 신규 공무원들 보면 고학력자들이 대부분이다. 그러나 낮은 학력 때문에 피해를 보는 경우는 없다.

또한 일반 회사에서는 육아휴직이 있기는 하지만 100퍼센트 사용하기엔 힘든 게 사실이다. 그러나 공무원은 3년까지 육아휴직이 가능하기 때문에 가장 손길이 가는 시기에 아이랑 함께 있을 수 있다. 나는 육아휴직을 고민하는 후배들에게 육아휴직을 꼭 사용하라고 권한다. 평생 직장생활 할 것이라면 아이가 엄마를 가장 필요로 할 때 곁에서 봐주는 것이 좋기 때문이다.

나는 애가 셋임에도 큰애와 둘째는 육아휴직이 보편화 되지 않아 출산 휴가 두 달만 쓰고 출근했다. 그러나 셋째 막내 아이는 1년을 육아휴직으로 사용했다. 내 인생의 가장 달착지근했던 1년이었다. 또한 공무원은 퇴근 후의 시간이 일반 직장에 비해 자유롭다. 그 시간을 어떻게 보내느냐에 따라 자신의 삶을 멋지게 디자인할 수 있는 장점이 있다.

2014년 4월 15일 자 동아일보에 보니 '엄마가 그려놓은 미래, 남다른 꿈은 꿈도 못 꿔요'라는 제목의 기사를 보았다. 학부모 1,876명과 고교생 2,165명의 응답자 중 학부모가 생각하는 자녀의 장래희망 1위가 공무원, 2위가 교사였고, 고교생이 생각하는 장래희망 1위가 교사, 2위가 공무원이었다. 공무원인 나로서는 학부모와 학생들의 1, 2위가 공무원이라 기분이 좋기는 했지만 한편으로는 씁쓸름했다. 요즘 사회가 그대로 투영된 것 같았기 때문이다. 내 직업에 대해 만족하지만 그저 안정적이라는 이유만으로 들어오지는 말았으면 한다. 나 역시 안정적인 직업을 원하셨던 어머니의 조언으로 들어와서 여태까지 근무하고 있지만 진정으로 공무원에 대한 사명감을 가진 청춘들이 들어와서 자신의 역량을 맘껏 발휘했으면 좋겠다.

휴식을 위한 취미가 있습니까

내가 아는 J는 회사원이다. 회사에 입사한 몇 년 동안은 누구보다도 열심히 근무했는데 어느 날부터 '내가 이렇게 일하는 것이 옳은 것인가?'라는 회의에 빠졌다. 더군다나 어릴 적 부모님과의 아픈 상처를 드러내고 싶지 않아 더 밝게 생활했다. 그러나 회사에서 돌아오면 배우자와의 사이도 삐걱거리고 아들과의 사이도 원만하지 못했다. 설상가상으로 아파트 문제로 경제적인 부분에 있어 수억 원의 빚더미에 올라앉게 되었다. 그러다가 자신의 아픈 과거와 현재 맞닥뜨린 아픔을 치유하고자 명상을 시작하게 되었다. 그러는 과정에 내면의 자아와 화해하게 되면서 힐링과 치유의 상담을 시작했다.

그 후 직장에서도 활력을 찾고 치유 상담을 통해 아픈 사람의 마음을 어루만져주는 일까지 하게 된다. 그 과정을 담아 책까지 출간했다. 그는 요즘 행복해서 미치겠다고 소리친다. 아픔을 세상에 드러내놓고 치유하고 나니 회사 일도 잘되고 상담뿐만 아니라 힐링에 관한 강연까지 봇물 터지듯 요청받고 있다. 그는 외친다. 직장에만 목매지 말고 반드시 취미생활을 병행해서 삶을 즐겁게 살아가라고 말이다.

또 한 명의 Y는 IT회사의 마케팅 담당업무를 맡아 치열하게 일했다. 야근을 밥 먹듯이 하고 하루 종일 격무에 시달렸는데 쥐꼬리만 한 월급으로 차 떼고 포 떼고 나면 생활하기가 빠듯했다. 그는 회사를 접고 블로그를 운영하면서 터득한 아이디어로 수익형 블로거가 되었으며 강연가로서 삶을 살고 있다. 한 달 중 보름 정도 일하고 보름은 여유롭게 지낸다고 한다. 그렇게 생활하면서도 연봉은 억대를 훨씬 웃돈다고 하면서 그래프를 보여준다.

신경정신과 전문의였던 박종호 씨는 소문난 클래식 애호가다. 고등학교 시절부터 LP음반 컬렉션을 시작했으며, 병원을 운영하면서도 해마다 음악제가 열리는 곳이라면 베네치아에서 오스트리아의 보덴 호숫가까지 어디든 찾아다녔다. 그렇게 30여 년 동안 클래식과 희로애락을 함께해오다 마침내 천직으로 삼아온 의사에서 클래식 레코드 전문점의 주인으로 인생 2막을 맞게 된 사람이다. 현재는 '풍월당'이란 전통 클래식 음반 매장을 운영 중이며 홈페이지에는 로젠 카발리에, 아카데미 등 다양한 콘텐츠를 볼 수 있다. 그는 《내가 사랑하는 클래식》, 《유럽 음악축제 순례기》, 《불멸의 오페라》등 클래식 교양서를 10여 권 출간했으며, 풍월당 아카데미에서 오페라 강의를 하고 있다.

이렇듯 요즘에는 직업 외에 취미로 시작한 일이 경제적 수입과도 연결되자 직업까지 바꾸는 사람들도 늘어나는 추세다. 그러나 신입사원일 때는 일단 직장 일부터 열심히 하자. 직장의 언어를 익히고, 직장의 분위기를 파악하자. 그리고 내가 앞으로 직장생활을 어떻게 해 나갈 것인지 그림을 그리자. 그런 다음 퇴근 후 저녁 시간에 대해 고민하자. 목표를 선택했으면 찾아 나서라. 물론 상사로서는 직장 일에만 충실하기를 바랄 것이다. 그러니 업무시간에는 다른 사람 못지않게 최선을 다해 근무해야 한다.

요즘 젊은 청춘들은 아침 새벽부터 영어 학원부터 시작해 자기계발을 많이 하고 있다. 그러나 그런 친구들은 전체로 본다면 아직 일부에 불과할 뿐이다. 대부분은 술자리에서 직장 상사 뒷담화하며 온갖 고민 혼자 차지한 듯한 말투로 술잔을 기울이며 세월을 죽이곤 한다. 어느 조사에서 보니 회식을 자주한다고 해서 직장생활의 만족도가 높은 것은 아니라고 한다. 본질적인 부분이 미해결된 상태의 회식은 안 하느니만 못하다는 것이다.

요즘은 카카오톡이나 메신저로 바로바로 소통이 된다. 후배 직원들이 말하길 직장 상사가 다른 직원을 혼내면 실시간으로 동기들한테 사무실 상황을 알려준다고 한다. 여러 부서에서 근무하는 직원들한테 삽시간에 소문이 퍼지는 것이다. 내 신규직원 때와는 사뭇 다른 광경이다. 상사의 뒷담화나 동료의 험담을 하는 것도 한두 번이다. 뒷담화 하고 나면 자신도 불편하고 근본적인 부분은 해소가 되지 않은 이상 항상 불평만 늘어놓게 된다.

나는 퇴근 시간에 퇴근할 권리가 있다

퇴근 후 자신만을 위한 생산적인 일에 집중하자. 마냥 막내로 있을 것 같지만 세월은 화살처럼 빠르다. 금방 후배가 생기고 어느 날 돌아보면 중간 관리자 나이가 되어 있다. 그때 가서 "직장에 몸 바쳤는데 나에게 남는 것은 무엇인가?"라는 후회를 하지 말고 직업 외에 취미를 갖도록 하자. 일이 진짜 많아 야근하는 것은 좋지만 시간 때우기 위한 야근은 백해무익이다. "저 직원은 항상 야근해!"라는 인상보다 "저 직원은 늘 일찍 퇴근해!"라는 인상을 심어주는 것이 자신한테 이롭다. 업무시간에 최선을 다해 근무함에도 늘 야근한다는 것은 능력이 없는 것이다. 한시적으로 일이 쌓여 야근할 때는 있다. 그러나 매일같이 야근한다하면 그 사람이 과연 일을 잘한다고 할 수 있을까? 보통은 업무 시간 내에 열심히 하면 끝날 수 있는 일이다. 업무 시간에 열심히 일하고 일찍 퇴근하라. 퇴근 후 자기계발을 하라. 상사가 아직 퇴근 전이라 눈치 보며 퇴근을 못한다고? 물론 그럴 수 있다. 어떤 프로젝트가 떨어져 상사도 함께 고민하며 일하는 것이라면 야근도 불사해야 한다. 그러나 업무시간 안에 일을 마쳤는데 상사가 퇴근하지 않고 있다고 좌불안석, 눈치 보지는 말라는 것이다.

퇴근 후의 시간,

온전히 내 것이다.

어릴 적부터
하고 싶었던 꿈을 접었습니까?

생각해보니 나의 역경은 정말 축복이었다.
가난했기에 '성냥팔이 소녀'를 쓸 수 있었고
못생겼다고 놀림을 받았기에 '미운오리새끼'를 쓸 수 있었다.

· 동화작가 안데르센 ·

초등학교 3학년, 중학교 3학년, 고등학교 3학년인 세 아이의 엄마와 아내, 그리고 직장인으로서의 나를 주변에선 바쁘게 본다. 그러나 실상은 그렇지도 않다. 사무실 출근하면 집안일은 가급적 잊어버리려고 한다. 기실은 잊어버리려고 하는 게 아니라 잊어버린다. 그런 이유로 사무실에선 반드시 메모 노트를 이용한다. 애들 시험 날짜도 잊어버리기 일쑤고, 현장학습 가는 날도 아이들이 알려주지 않으면 가끔 지나쳐 버리곤 한다. 나를 닮았는지 아이들도 수시로 잊어버린다. 아이들은 오히려 엄마가 직업 외에 다른 일에 몰두하길 은근히 바란다. 아마도 본인들한테 공부해라, 책 읽어라 이런 잔소리를 덜해서 일게다.

다른 일을 하고 있습니다

나는 직업 외에 또 다른 직업이 있다. 내 생활의 일정 부분을 차지하고 있는 야학교사 생활이다. 2년째 야학교사로 일하고 있다. 물론 100퍼센트 무료봉사다. 내가 다니는 야학은 생활 야학을 표방하기 때문에 학교와 70퍼센트 정도가 흡사하다.

처음 야학교사에 지원했을 때 공부만 가르치는 단순한 봉사로만 생각했다. 그런데 지원서를 내고 두 달 동안 교육과 참관 수업, 모의 수업까지 할 게 무척 많았다. 처음엔 많은 예비교사들이 지원했으나 빡빡한 교육 일정으로 한두 명씩 떨어져 나가기 시작했다. 결국 교육일정을 잘 마친 사람만이 교사로 채용되었다.

교사로 임용된 것으로 끝난 게 아니었다. 중학교 국어 과목을 맡아 수업을 진행하는데 1주일에 2번 수업을 하고 남은 시간엔 교무실에 앉아 있어야 했다. 주 이틀을 저녁 7시~10시 20분까지 앉아 있는 것이 보통 힘든 게 아니었다. 그러나 그런 어려운 것들을 상쇄하고도 남는 것이 학생들과의 만남이고 수업이었다. 가르치면서 배운다는 말이 딱 맞는 것 같다. 직장생활 못지않게 야학 생활에서 많은 걸 배우고 있다.

내가 가르치는 학생들은 15명 정도로 10대에서 60대까지 다양한 연령층으로 구성되어 있다. 10~20대는 나이든 분들과는 또 다른 사유로 왔지만 50~60대는 공부할 나이 때 먹고살기 급급했고 지독한 가난으로 인해 배움의 기회를 놓친 분들이 대부분이다.

각각의 개인 사정으로 오게 되었지만 학생들은 모두 똑같은 검정고시

합격을 목표로 들어왔다. 나이는 드셨지만 학교에 와서는 정말 순수한 중학생으로 변한다. 다들 순수하고 배움에 목말랐던 이들이라 눈이 말똥말똥 한 글자라도 더 들으려고 애를 쓴다. 대부분 나이든 어르신들이지만 참 사랑스럽다.

한 달에 한 번은 야학 교사들이 저녁밥을 해서 학생들에게 대접한다. 한글반과 중·고등학생과 교사까지 약 60~70명의 식사를 만들어 교사와 학생이 함께 먹는다. 5월엔 체육대회와 소풍, 8월엔 졸업 엠티, 입학 엠티, 교사 엠티, 12월에는 크리스마스 행사까지 각종 행사도 많다. 어렸을 때 꿈이 교사였는데 여기서 내 어릴 적 꿈을 실현하고 있다. 일주일에 두 번 가는 그 이틀이 즐겁다. 지금은 선임이라 수업시간만 가서 하기 때문에 시간 할애도 많이 줄었다. 처음엔 남편이 별로 좋아하지 않았는데 내가 즐거워하고 시간 관리를 더 철저히 하는 것을 보고 지금은 인정해주고 있다.

사랑하는 일을 찾으세요

스티브 잡스의 스탠퍼드 대학 졸업 연설문을 자주 인용하는데 거기엔 이런 구절이 나온다.

"여러분이 사랑하는 일은 스스로 찾아야 합니다. 사랑 앞에 진실하듯 일도 마찬가지입니다. 일은 여러분 인생의 대부분을 차지합니다. 그리고 그 속에서 진정한 만족을 누리려면 당신이 가치 있다고 믿는 일을 해야 하죠. 그리고 가치 있는 일을 하는 유일한 방법은 스스로 하는 일을 사랑하는 겁니다. 만약 그런 일을 못 찾았다면 안주하지 말고 계속 찾아보세요. 그것을 찾아낸다면 스스로 느끼게 될 것입니다. 그리고 일단 찾게 되면 다른 좋은 관계들이 그렇듯 여러분과 그 좋은 일과의 관계는 더욱 깊어질 거예요. 그러니 안주하지 말고 계속 찾아다니세요.”

연설문의 일부지만 전문은 수십 번도 더 읽었다. 또한 가끔 힘들 때 다시금 펼쳐 읽으며 내 일상을 되돌아보곤 한다. 학교 다닐 때 그리도 좋아했던 국어 과목을 야학에서 가르치고 있다. 좋아했지만 졸업하고 나니 국어 과목을 다시 들춰볼 기회가 없었다. 그런데 지금 중학교 국어를 가르치면서 다시 공부하는 단맛을 매주 느끼고 있다.

도종환의 〈흔들리며 피는 꽃〉이 요즘 중학교 교과서에 나온다.

흔들리지 않고 피는 꽃이 어디 있으랴

이 세상 그 어떤 아름다운 꽃들도

다 흔들리면서 피었나니

흔들리면서 줄기를 곧게 세웠나니

흔들리지 않고 가는 사랑이 어디 있으랴

젖지 않고 피는 꽃이 어디 있으랴

이 세상 그 어떤 빛나는 꽃들도

다 젖으며 젖으며 피었나니

바람과 비에 젖으며 꽃잎 따뜻하게 피웠나니

젖지 않고 가는 삶이 어디 있으랴

우리의 삶은 미래를 가늠할 수 없기에 언제나 힘겨워하며 흔들린다. 그러나 그 힘겨움이 우리를 부러지지 않게 단련시켜 준다. 그러는 과정에서 우리 삶은 농익고 성숙해져 간다.

현상은 복잡하지만
본질은 단순하다

한 손은 너 자신을 돕는 것이고,
다른 한 손은 다른 사람들을 돕기 위한 것이다.
·오드리 헵번·

'오컴의 면도날Ockham's Razor' 법칙은 조직에서 높은 효율을 보려면 단순명쾌해야 하며 복잡함은 막대한 낭비만 초래할 뿐이라고 말한다. 우리가 하는 일에서 대부분이 별다른 의미가 없고 진짜 효과적인 일은 일부에 지나지 않으며 그것도 복잡한 사물에 숨겨져 있다고 말한다. 따라서 우리는 일의 핵심을 파악하고 쓸모없는 일은 과감히 포기해야 한다는 것이다. 성공은 복잡한 것을 단순화하는 데서 시작된다는 법칙이다.

캥거루는 어떻게 10미터 담장을 넘었을까

어떤 책에서 본 재미난 내용이 생각난다. 어느 날 동물원의 캥거루가 울타리에서 도망쳤다. 울타리가 망가진 부분이 없어 사육사는 매우 놀랐다. 간단한 것을 복잡하게 만들기 좋아하는 사람들이 이 사건을 두고 회의를 시작했다. 그리고 그들은 "울타리가 너무 낮아 캥거루가 뛰어넘었네. 울타리의 높이를 10미터에서 20미터로 만들자!"라고 결정했다.

다음 날 사람들은 깜짝 놀랐다. 캥거루가 다시 울타리를 넘고 밖으로 탈출한 것이다. 사육사는 울타리의 높이를 30미터로 높였다. 그러나 캥거루는 30미터도 아랑곳하지 않고 넘고 말았다. 이런 캥거루의 행동에 사람들은 흥분을 감출 수가 없었다.

"그래? 이 녀석들, 어디 끝까지 한번 해보자. 울타리의 높이를 100미터로 만들자!"라고 결정을 내리고 울타리를 100미터까지 높게 만들었다.

햇볕이 포근하게 내리쬐는 어느 날, 코알라와 캥거루가 유쾌한 대화를 나누었다.

"코알라야. 네가 보기엔 사람들이 울타리를 100미터보다 더 높일 것 같으니?"

"하하하, 모르지. 아마도 사람들이 문 잠그는 것을 계속 까먹는다면야 그러지 않겠어?"

사람들은 어떠한 문제를 해결할 때 늘 복잡하고 심각하게 생각한다. 오래전 내가 모신 중간 관리자 P팀장님은 참 특이하신 분이셨다. 어떤 상황이 발생했을 때 보고서를 육하원칙에 의거해 한 장의 보고서로 보여드리면 P팀장님은 열 장으로 늘려 버렸다. 비단 한 장짜리 뿐만 아니라 다섯 장이면 열다섯 장, 열 장이면 스무 장이 기본이다.

사족이 붙으면 내용이 깔끔하지 않고 핵심이 눈에 안 들어온다. 그러나 P팀장님은 어떤 내용을 가져가도 최소 열 배를 불려 두툼한 보고서류로 만든다. 그러다 보니 직원들은 스트레스 받고, 자신은 서류를 1km만 뛰면 될 것을 10km 뛸 거리로 불리다 보니 정작 부서장인 과장님은 내용을 파악하기 힘들다면서 다시 요약하라 하셨다. 그러면 거기에다 부서장이 볼 수 있도록 두툼한 서류의 맨 앞에 요약지를 또 붙인다. 결국 최종 상사는 요약지만 보는데 그 요약지는 당초 담당이 기안한 한 장짜리 보고서와 흡사하다. 요약지는 A4용지 오른쪽 상단에 아주 작게 붙인다. 그러면 최종 상사는 글씨가 작아 보기도 힘들어 반대로 담당까지 불러 내용을 물어보게 된다. 같이 근무한 직원들한테 다 소문 날 정도로 늘리기 선수였다.

　　그러다 어느 날 부서장이 바뀌었는데 간결과 깔끔함을 강조하시는 분이 오셨다. 기안을 할 때도 우리 부서만의 글꼴과 글씨 크기를 동일하게 만들었다. 담당별로 기안했던 각양각색의 글꼴과 글씨 크기가 정돈되었다. 전 직원이 프레임에 맞춰 문서를 작성하다 보니 타부서에 소문이 나서 벤치마킹을 해갔다.

　　부서장에게 보고를 할 때는 간단명료하게 하는데 P팀장님은 부서장의 의중을 파악 못하고 계속해서 많은 양을 만드셨다. 그러다 보니 두 분이 의견 일치가 되지 않고 중간에 담당만 눈치 보는 일도 있었다. 물론 부서장이 늘리는 것을 좋아하면 부하 직원은 거기에 맞춰줘야 하겠지만 간결함을 강조하는 부서장이면 또한 거기에 맞춰줘야 일 처리가 명쾌해진다.

고대 그리스 천문학자였던 프톨레마이오스Ptolemaios는 "가장 단순한 가설로 설명할 수 있으면 그것이 좋은 원리다."라고 했다. 중세 철학자 토마스 아퀴나스Thomas Aquinas는 "더 적은 것을 가지고 할 수 있는데 더 많은 것을 가지고 하는 것은 부질없는 짓이다."라는 말을 피력했다. 또한 중세철학자 존 던스 스코투스John Duns Scotus는 "필요 없이 복잡해서는 안 된다."라고 했다.

스님에게 빗을 많이 파는 방법

중국의 어느 기업에서 다음과 같은 문제를 냈다.

"자, 무슨 수를 써서라도 이 나무 빗을 스님에게 팔아 오세요. 가장 많이 판 사람을 채용할 것입니다."

파격적인 대우 때문에 많은 사람들이 응시했지만 이 문제를 듣고는 모두 난처한 표정을 지었다.

"출가하고 머리를 깎은 사람에게 무슨 빗이 필요가 있어? 정신 나간 회사 아니야? 무슨 수로 팔라는 거냐고?"

수많은 응시자들이 이 황당한 질문을 뒤로하고 발길을 돌렸다. 결국 장 씨, 이 씨. 왕 씨 세 사람만 남게 되었다. 채용 담당자는 그들에게 말했다.

"열흘 후 각자의 판매 실적을 보고 하세요."

10일 후 채용 담당자는 장 씨에게 물었다.

"파셨나요?"

장 씨가 답했다.

"저는 한 개를 팔았습니다."

채용 담당자는 스님에게 빗을 팔았다는 소리를 듣고 깜짝 놀랐다.

"어떻게 팔았죠?"

장 씨는 자신이 산에 가서 빗을 판 사연을 털어놓았다. 터무니없는 물건을 팔려고 하다 보니 돌아오는 것은 스님들의 빈정거림뿐이었다. 낙심한 그는 산을 내려오기로 결심했다. 그때 한 동자승을 만나게 되었다. 동자승은 햇볕을 쬐면서 지저분한 비듬을 털고 있었다. 장 씨는 기지를 발휘해 동자승에게 "이 빗은 머리를 빗을 때뿐만 아니라 비듬을 없애는 데도 탁월한 효과가 있어요." 라고 나무 빗의 효능을 설명했다. 동자승은 한 번 써보더니 괜찮은 것 같다면서 그 자리에서 빗 하나를 샀다.

이번에는 이 씨 차례였다.

"얼마나 파셨나요?"

"저는 10개를 팔았습니다."

채용 담당자는 더 깜짝 놀랐다. 어떻게 스님에게 10개나 팔 수 있단 말인가? 이 씨는 스님이 많은 이름난 고찰을 찾았다. 그 사찰은 지대가 높고 바람이 거세서 불공을 드리러 오는 사람들의 머리가 마구 헝클어졌다. 이 모습을 지켜본 이 씨는 주지 스님을 찾아갔다.

"머리가 헝클어진 모습으로 절하는 것은 부처님에 대한 예의가 아닙니다. 불상 앞에 이 나무빗을 두면 신도들이 머리를 단정하게 하고 참배를 할 것입니다."

그의 말을 들어보니 일리가 있었다. 주지 스님은 그 산에 있는 열 곳의 절에 각각 빗을 걸어 두고 신도들이 사용하도록 했다.

채용 담당자는 마지막으로 왕 씨에게도 같은 질문을 했다.

"당신은 몇 개나 팔았나요?"

"저는 1,000개 모두 팔았습니다. 제게 더 주셔도 전부 팔 수 있습니다."

크게 놀란 채용 담당자는 흥분된 목소리로 물었다.

"모두 팔았다고요? 아니 무슨 수로 그 많은 걸 다 팔았죠?"

"저는 전국에서 가장 유명한 사찰을 찾아갔습니다. 그곳은 신도들이 구름떼처럼 몰려들어 시주가 끊이지 않는 곳이었습니다. 주지 스님을 찾아가 저는 이런 제안을 했습니다. 절을 찾는 신도들이 좀 더 경건한 마음을 갖도록 절에서 기념될 만한 답례품을 준비하라고 말이죠. 그렇게 하면 그들의 평안과 복을 빌어줄 수 있을 뿐만 아니라 '적선 빗'이라는 세 글자를 새기도록 제안했습니다. 제 말을 들은 주지 스님은 신도들의 불심에 보답할 좋은 기회라고 생각했지만 그 효과를 검증할 수 없어 우선 열 개만 사고 제게 며칠 더 묵으라고 하셨지요. 적선 빗을 받은 신도들은 절의 영험한 기운을 집에까지 가져간다는 생각에 모두들 기뻐했습니다. 이 소식이 퍼지면서 신도들은 더 늘어났고 주지 스님은 제가 가진 빗을 모두 사시면서 추가 주문까지 하셨답니다."

똑같은 조건에서 어떤 시각으로 보며, 어떻게 생각하느냐에 따라 그 결과는 천지차이다. 여러분은 이제 직장생활에 발을 디뎠다. 입사 후 대략 3년까지가 가장 중요한 시기다. 자신이 앞으로 직장생활을 잘 헤쳐 나가는 기본기를 다지는 시기이면서 동시에 승진과 맞물려 자신의 성과를 낼 수 있는 시기이기 때문이다. 어떤 상사 아래서 어떻게 배우느냐와 무슨 일을 하느냐에 따라 3년 후에는 실력이 판가름 난다. 사회초년생 시절에는 실수도 애교로 봐줄 수 있고 모르면 물어봐도 어색하지 않다. 그럴 때 많이 배워두길 권한다. 일 잘하는 직원들은 어떻게 기획하고, 성격 좋은 직원들은 어떻게 처세하는지 모방해서 자신 것으로 만들자. 아리스토텔레스Aristoteles는 "현상은 복잡하나 본질은 단순하다."고 했다. 자신감 있고 능력 있는 직장인은 어떤 문제든지 간결하고 명쾌하게 파악할 줄 안다.

정리는
남길 것을 고르는 것

지금 있는 자리에서, 가지고 있는 것을, 할 수 있는 것을 하라.

·시어도어 루스벨트(미국 26대 대통령)·

관리자가 아닌 평직원의 책상은 크기가 모두 비슷하다. 회사에 출근하면 자신만의 공간인 책상에서 하루 종일 업무를 처리한다. 각종 자료들과 업무 관련 파일들이 널브러져 있는 책상 위 인주, 볼펜꽂이, 물컵, 각종 영양제와 탁상용 달력, 직장 주변에서 받아둔 카페의 쿠폰들, 클립이나 각종 통장들과 애경사 도장 등 서랍을 열어보면 쓸데없는 물건더미가 꽤 있을 것이다. 심리학자들은 각종 물건을 버리지 못하고 쌓아둔 이유를 인간의 두려움 때문이라고 해석한다. 그러한 두려움이 지나쳐 저장 강박장애까지 겪는 사람들이 있는데 이들을 일컬어 '호더스Hoarders'라고 한다. 호딩의 주원인은 과거에 사랑하는 사람들을 잃는다든지 큰 배신감을 느낀다든지 하는 상실감과 현재 상황에 대한 우울증이라고 한다. 스미스칼리지 심리학과 교수인 랜디 프로스트Randy

Frost 교수는 미국, 영국, 독일 인구의 2~5퍼센트가 호딩 문제가 있다고 했다. 과거보다 현재가 많으며 갈수록 발생빈도가 증가한다고 했다.

지난해 SBS 방송에서 〈죽어도 못 버리는 사람들〉이란 프로를 본 적이 있다. 거기에 호더스들의 생활실태가 나오는데 경악을 금치 못했다. 방송 내용의 일부를 소개한다.

광주에선 잡동사니로 가득한 5채의 집이 발견됐다. 놀라운 건 이 5채의 집들이 모두 한 사람의 집이라는 것이다. 그 주인공은 처자식이 떠난 뒤 10년 넘는 긴 세월 동안 잡동사니를 모으며 그 속에서 홀로 생활해 왔다는 김씨 할아버지. 오랫동안 연락을 끊고 살았다는 형님은 동생이 쓰러졌다는 소식에 10여 년 만에 동생의 집에 찾아왔다가 이 광경을 보고 깜짝 놀랐다고 한다. 형님은 요양병원에 입원해 있는 동생의 건강을 돌보는 한편, 구청의 협조로 5채 중 2채의 집을 청소할 수 있었는데, 첫 번째 집에서 18톤, 두 번째 집에서는 50톤이 넘는 쓰레기가 수거되었다. 이렇게 어마어마한 잡동사니 중 김 씨 할아버지가 특히 집착한 물건은 라디오였는데, 5채의 집 중 한 곳에서만 수백 대의 라디오가 나왔을 정도로 많은 라디오들이 집안 가득 빽빽하게 쌓여 있었다. 그 이유를 묻자 자신도 모르게 라디오를 모으게 됐다고 했다.

호딩 장애는 물건뿐 아니라 동물을 모으는 애니멀 호딩Animal Hoarding, 유통기한이 지난 음식을 모으는 푸드 호딩Food Hoarding 등 그 종류도 다양하다. 경기도에 사는 이 씨는 17년 전 유기견 한 마리를 주워

온 것을 시작으로 애니멀 호딩이 시작됐다. 개 45마리, 고양이 13마리 때문에 잠을 잘 공간이 없어 부인과 딸은 처가에서 잠을 자고, 17년간 함께 외출은커녕 나날이 빚만 늘고 있다고 했다. 유통기한이 지난 음식을 버리지 못하는 푸드 호딩 때문에 집안에 벽을 쌓아 둘 정도로 아들과 심각한 갈등을 겪고 있는 사람도 있었다.

마음먹고 버릴 것을 처분했다고 해도 정리가 완성되는 건 아니다. 정리정돈을 하면 주변 환경이 깨끗하고 상쾌하다는 것을 알면서도 막상 실천하려면 그렇게 어려운 것이 정리다. 그동안의 습관이 몸에 배었기 때문이다.

지금은 명퇴했지만 전에 함께 근무했던 직원은 다른 부서로 발령이 났는데 그 직원의 짐만 1톤 트럭 한 대였다. 박스 두세 개면 될 짐이 트럭 한 대라는 게 이해가 되지 않았다.

호더스 정도는 아니지만 가끔 보면 동료들 중에도 정리정돈을 하지 않는 이가 있다. 외모는 그렇게 보이지 않는데 책상 위를 보면 기겁할 정도로 지저분하다. 집도 아닌 타인들과 생활하는 직장에서의 본인 책상은 자신의 얼굴임과 동시에 직장의 얼굴이다. 그런데 그처럼 지저분하게 생활하고 싶을까? 자신의 책상 주변을 정리정돈 하는데 각별하게 신경 써야 한다. 따지고 보면 책상, 전화, 컴퓨터 등 자신의 책상 위에 두고 쓰는 물건은 모두 직장 것임을 잊어선 안 된다. 그런 물건을 개인 물건 다루듯 쓴다면 직업의식이 결여되고 개념이 없는 것이다.

정리의 기본은 수납부터다. 어디에 물건을 두는지 지정해두고 그 물건은 항상 거기에 두는 습관을 들여야 한다. 그래야 나중에 물건을 찾더라도 허둥대지 않는다. 청소를 하다가 물건을 보이지 않은 곳에 둘 때는 어디에 어떤 물건을 두는지 기록 해두면 편리하다. 밖으로 드러나 보이는 지저분한 물건들이 없어지면서 깔끔해진다.

서랍은 그룹핑grouping을 하는 것이 좋다. 첫 번째 서랍은 각종 문구류인 집게, 포스트잇, 지우개 등등, 두 번째 서랍은 지갑과 통장 등 개인 물건, 마지막 세 번째 서랍은 노트와 파일 등으로 말이다. 이젠 정리다. 정리야말로 프로페셔널의 조건으로서 자기 브랜드 가치를 높이는 것이다.

자신이 무엇인가를 하고 싶은데 혹시 머릿속에 정리가 안 되거든 자신의 책상부터 차근차근 정리해보자. '정리하는 것이 뭐가 큰 대수냐?'라고 생각할 수 있겠지만 그 효과는 이미 검증이 된 사실이다.

책상을 정리·정돈하고 나면 기분이 개운하다. 생각했던 것보다 훨씬 만족감이 크고 근무할 마음이 생길 것이다. 그리고 버리면서 살자. 어쩌면 버린다는 말에 '저는 버릴 것이 없습니다.'라는 생각을 할지 모르겠다. 가끔 대청소를 하게 되면 버릴 것이 무척 많이 나온다. 직장에 출근한 이상 자신의 책상은 다른 사람한테 보여 지는 자신의 모습이다. 최대한 깔끔하게 정리를 한 상태에서 근무를 해보자.

요즘은 정리정돈을 해주는 컨설팅 업체도 있다. 그만큼 정리정돈이 중요하다는 뜻이다. 단순함 속에서 아이디어가 나오고 상상력이 나온다. 책상 위가 정리정돈이 되어 있을 때 집중이 더해져 업무의 능률도 오른다. 정리도 습관이며 정리하지 않는 것도 습관이다. 좋은 습관을 길들이도록 하자.

정리하는 습관

영국 런던 대학교의 필리파 제인 랠리 교수는 '습관은 어떻게 형성되는가'라는 실험을 통해 습관이 형성되는 데 얼마나 걸리는지를 조사했다. 그렇다면 습관을 바꾸는 데는 얼마나 시간이 걸렸을까? 연구 결과 습관이 사람의 몸에 정착되는 시간은 평균 66일이었다. 2개월 정도를 꾸준히 행동하면 그것이 바로 습관이 되는 것이다.

마음먹은 대로 정리를 습관화하려면 얼마나 노력해야 하는지 알 수 있는 대목이다. 정리 습관을 들이려면 2개월을 꾸준히 노력해야 한다.

아침 일찍 출근하는 것도 습관이며, 업무 시작 30분 전에 출근하는 것도 습관이다. 우리의 행동 전반적인 것은 모두 습관에 의한 반복적인 행동이다. 직장생활 하면서 좋은 습관의 열매는 자신이 가져간다.

정리에는 아이젠하워Dwight D. Eisenhower의 정리법이 널리 알려져 있다. 아이젠하워는 제2차 세계대전에서 노르망디 상륙 작전을 성공시켜 최고의 영웅으로 평가되었고 34대 미국 대통령에 올랐다. 그는 유머 감각과 탁월한 소통 능력, 리더십이 훌륭하기로 정평이 나 있다. 또한 그의 커다란 장점은 복잡한 문제를 깔끔하게 풀어내는 데 있다. 아이젠하워는 대통령 직 업무를 수행하면서 복잡하고 어지러운 사건을 단순화시키는 전략의 귀

재였다. 그의 단순화 전략 기법은 어렵지 않다. 커다란 상자 4개를 준비해서 각각의 박스를 4가지 형태의 업무로 분류한다.

첫째, 더 이상 필요 없는 것은 버린다. 버리고 나면 그것에 대해서는 더 이상 생각하지 않는다. 예를 들면 각종 버릴 서류들, 지난 신문, 해묵은 편지나 카드 등이다. 둘째, 전문가나 다른 사람에게 전달한다. 혼자 끙끙대지 말고 다른 사람에게 전달하여 실마리를 찾는다. 셋째, 지금 당장 처리한다. 다른 사람에게 미루지 말고 데드라인을 정해 철저히 준비해서 처리한다. 넷째, 지시할 수 있는 업무는 지시하라. 전화나 팩스, e-메일로 처리할 수 있는 것들이다. 사람을 만나 해결하려고 미루어 두었던 것들은 지금 전화로나 e-메일로 당장 처리하여야 한다. 다섯째, 4가지 법칙에 따라 모든 문제를 고심해서 풀어나갈 것,

위의 5가지 법칙의 머리글자를 따서 'THROW법칙'이라 한다. 아이젠하워는 아무리 어려운 사안도 위의 5가지 법칙에 따라 풀어가면서 처리했다. 이후 그의 이름을 붙인 아이젠하워의 THROW법칙은 미국 대통령의 업무 매뉴얼로 정착되었다. 프로의 책상은 깔끔하다. 여러분도 아이젠하워의 정리와 리더십의 정수를 배워봄이 어떨까?

어느 청소 전문가의 말이 정리에 대한 정의를 깔끔하게 정리해준다.
"정리는 버릴 것을 고르는 것이 아니라 남길 것을 고르는 것이다."

_3장_

인간
관계에
대한
조언

123.
176

모두에게
사랑받고 싶어 하는 사람들에게

이 세상의 유일한 악마는 우리 마음에서 날뛰고 있기에,
모든 전투는 마음속에서 이뤄져야 한다.
· 마하트마 간디 ·

"이 세상 모든 사람이 나를 좋아해 줄 필요가 없다는 깨달음입니다. 내가 이 세상 모든 사람을 좋아하지 않는데, 어떻게 이 세상 모든 사람들이 나를 좋아해 줄 수 있을까요? 그런데 우리는 누군가가 나를 싫어한다는 사실에 얼마나 가슴 아파하며 살고 있나요? 내가 모두를 좋아하지 않듯, 모두가 나를 좋아해 줄 필요는 없습니다. 그건 지나친 욕심입니다. 누군가 나를 싫어한다면 자연의 이치가 그런가 보다 하고 그냥 넘어가면 됩니다. (중략) 그러니 제발, 내가 정말로 하고 싶은 것, 다른 사람에게 크게 피해를 주는 일이 아니라면 남 눈치 그만 보고, 내가 정말로 하고 싶은 것 하고 사십시오. 생각만 너무 하지 말고 그냥 해버리십시오. 왜냐하면 내가 먼저 행복해야 세상도 행복한 것이고 그래야 또 세상을 행복하게 만들 수 있기 때문입니다. 우리, 인생, 너무 어렵

게 살지 맙시다."

2012년부터 베스트셀러로 많은 사람들의 마음을 촉촉하게 적셔준 혜민 스님의 《멈추면, 비로소 보이는 것들》에 나온 글이다.

공무원 초년 시절엔 정말이지 상사 눈치를 많이 봤다. 거절하면 큰일 날 것 같고, 회식자리 빠지면 빠졌다고 흥보지는 않을까 하는 생각에 뒷골이 당기곤 했다. 가기 싫은데 억지로 가면 회식자리가 재미없다. 술이 들어갈수록 한 이야기 또 하고 또 하고……. 무용담을 늘어놓은 듯한 이야기나 비생산적인 이야기로만 들리곤 했다. 음주·가무를 못하는 나로서는 그런 자리가 마냥 부담스러웠다. 즐겁게 잘 노는 사람이 부러웠고 지금도 마찬가지다. 놀 때 신 나게 놀고, 춤도 노래도 잘하는 직원들 보면 무척 좋아 보인다. 그러나 어느 순간부터는 예전처럼 눈치 보면서 억지로 따라가곤 하지 않는다. 물론 전 직원이 참여해야 하는 곳엔 당연히 가지만 굳이 가지 않아도 되는데 억지로 따라가는 행동은 스스로 자제할 수가 있게 되었다. 전 직원이 회식을 하면 좋은 점도 많지만 열 명이 넘어가면 삼삼오오 소그룹이 되어 몇 개 팀으로 나뉘어 이야기하게 된다.

스타일이 다르긴 하지만 모든 직원들을 좌청룡 우백호처럼 거느리고 다니는 걸 좋아하는 상사가 있다. 회식자리에서 절대 빠지는 걸 용납하지 않는 상사도 있다. 술 못하는데도 소주와 맥주를 혼합해 억지로 먹이는 상사도 있다. 술을 좋아하진 않지만 술자리에서 담소를 나누는 것을 좋아하는 상사도 있다. 젠틀하게 술 권하지 않는 상사도 있다. 다양한 성격과 스타일의 상사를 모시고 근무할 수 있지만 기본적인 예의는 지키되 너무 눈치 보지 않는 게 즐거운 직장생활의 자세라 할 수 있다. 주변 눈치를 너무 보다 보면 자기 자신을 잃고 만다. 본인만의 색깔이 없어지고 자신의 삶을 주도적으로 살지 못하게 된다. 참 괜찮은 사람인데도 그런 모습을 볼 때면 무척 안타깝다.

인간관계가 제일 어렵더라

공무원은 적당한 시기마다 다른 부서로 발령이 난다. 부패방지와 행정의 다양성을 위해서다. 물론 일반 회사도 부서이동이 있겠지만 다른 직장보다는 더 자주 옮기는 게 공무원일 것이다. 어느 부서든 발령 나면 그 부서에 적응하면서 일을 배워야 한다. 가끔은 내 성격과 맞지 않는 부서도 있고, 간혹 온전한 내 스타일의 업무도 있다. 나 같은 경우는 나이가 들수록 새로운 부서에 발령 나면 낯가림도 심해지고 업무에 대한 부담감도 커진다. 혹시나 해서 주변 동료들에게 물어봤더니 동료들도 십중팔구 나와 같은 생각을 갖고 있었다.

적응하는 과정에서 나랑 맞지 않는 직원도 생긴다. 평소 긍정적인 성격이라 상대방의 장점을 보고 칭찬하려고 노력하지만 근무하다 보면 참으로 안 맞는 직원이 있다. 그렇게 맘에 들지 않는 직원과 근무하면 하루하루가 고역이다. 아무리 좋은 글귀를 읽고 마음을 다잡으려 해도 의미 없이 허공으로 날아가 버린다.

직장생활은 일보다도 사람 관계로 인해 스트레스 받는 일이 훨씬 많다. 일이야 야근해서 하면 되고 잘 모르면 물어보면서 해도 된다. 하지만 인간관계로 인한 스트레스는 사회생활에서 많은 부분을 차지하고 있다. 직원들 이야기를 들어보면 의외로 직장인의 고충은 인간관계라는 걸 참 많이 느낀다. 나 역시도 거기에서 자유롭지는 못하다. 그러다가 내가 괴롭지 않기 위해 스스로 터득한 나만의 방법이 있다. 그것은 바로 상대방을 짠하고 측은하게 생각하는 것이다. 그 사람 전체를 두고 하나씩 하나씩 나눠서 생각해 본다. 이래서 짠해, 저래서 측은하구나, 그래서 안됐어……라고 자꾸 생각하다 보면 정말로 그 사람이 측은하게 생각이 되고 미워하는 감정이 사그라진다.

밀워키 주 경찰청에서 발행한 간행물에는 이런 말이 실려 있다고 한다.

"이기적인 사람들이 당신을 기만하려 한다면 그것에 대해 앙갚음하려고 하지 말고 그저 당신의 명부에서 그들의 이름을 지워버려라. 당신이 앙갚음하려고 하면 당신이 상대방을 다치게 하는 것보다 당신 자신을 더 다치게 할 것이다."

또한 아이젠하워 장군은 좋아하지 않는 사람을 생각하는데 단 1분도 낭비하지 말라고 했다.

그렇다. 사람이 정말 싫은데 그 사람 생각하면서 스트레스 받으면 내 자신만 괴롭다. 최대한 좋은 생각만 하고, 싫은 사람은 생각에서 지우는 것이 상책이다. 그러나 그게 어디 쉬운가? 나이 들수록 점점 아집만 강해지고 옹졸해지는 사람도 많다. 내 아이, 내 배우자도 내 맘대로 고치지 못하는데 하물며 남을 어떻게 고친단 말인가? 성격이 모난 사람들은 함께 근무해보면 다른 직원들도 다 알게 된다. 어떤 계기가 있어서 스스로 고쳐 나가지 않는 이상 내가 상대방을 고칠 수는 없다. 내가 변해야지 상대방도 변한다.

우리는 죽을 때까지 사람들과 부대끼며 살아간다. 누가 누구를 고치려하는 것은 의미 없다. 내가 보는 시각을 바꾸고 내 행동이 바뀌면 상대방도 바뀐다. 행복해서 웃는 것이 아니라 웃으니까 행복한 것처럼!

박애주의자가 될 필요는 없다

아끼는 직장 후배가 있다. 그녀는 얼굴도 예쁜데 맘 씀씀이까지 좋다. 비쩍 말라 예민하고 까칠할 것처럼 보이지만 참 명랑하다. 결혼 8년 차인데 남편과 싸움 한 번 안 했다고 한다. 어떻게 그럴 수 있냐고 물었다.

"남편 볼 시간이 없어서 그런가 봐요. 저녁에 늦게 들어오면 아이랑 저랑 놀다가 잠들죠. 주말엔 마트나 동네 공원에 산책 가는데 저는 제가 좋아하는 것부터 해요. 쇼핑할 때도 아이를 남편한테 맡기고 저는 따로 쇼핑을 하죠."

참 별난 친구다. 어떻게 환경이 다른 남남끼리 만나 사는데 결혼생활 내내 한 번도 싸운 적이 없다니 말이다.

그런데 그녀에게 한 가지 다른 점을 발견했다. 하루에 몇 번씩 마주쳐도 밝게 인사하는 것이다. 마치 오랜만에 만난 친구처럼 말이다. 어쩜 그리 해맑게 웃는지 모른다. 대화도 늘 밝고 명랑하다. 상대방의 말을 잘 들어주면서도 본인 이야기도 감칠맛 나게 잘하는 그녀를 수 년간 지켜보면서 그녀를 좋아할 수밖에 없었다. 상대방을 만나면 반갑게 맞이하고 잘 웃는 편인 나도 그녀의 탁월함에 놀란다.

그녀는 "모든 이들에게 잘해야겠다는 생각은 없어요. 저는 저랑 맞지 않는 사람은 머리에서 지워 버려요. 대신 좋은 사람들에겐 최선을 다하죠."라고 했다. 그렇게도 해맑고 밝은 그녀와 다소 어울리지는 않았지만 어쩌면 그런 부분이 그녀를 더 빛나게 해주지 않나 생각한다.

그렇다. 모두에게 좋은 사람이 되기는 힘들다. 때문에 모두에게 잘 보이려고 애쓸 필요도 없다. 꿈 친구들과 만나면서 서로 격려해 주고 응원해 주도록 하자. 어중이떠중이 십 수 명보다 한두 명의 진실한 친구를 만들자. 자신의 소중한 인생을 위해 타인의 시선으로부터 자유로워질 필요가 있다. 시간은 생각보다 빨리 지난다. 늘 신입사원일 것 같지만 뒤돌아보면 후배들이 차고 오른다. 붙잡을 수 없는 세월을 다른 사람 눈치 보며 살기엔 우리 인생이 너무 짧지 않은가?

나답게 살자.

상대방을 칭찬하면
내 가치가 높아진다

남을 아는 사람은 현명한 사람이요,
자신을 아는 사람은 덕이 있는 사람이다.
남을 이기는 사람은 힘이 강한 사람이며,
자신을 이기는 사람은 굳센 사람이다.

·노자·

세계적인 경영 컨설턴트 톰 피터스Tom Peters는 "나는 그동안 많은 사람들로부터 분수에 넘치는 대접과 인정을 받았지만 지금도 그런 대우를 받으면 매우 유쾌할 뿐, 신물이 난다거나 넌더리가 나는 일은 전혀 없다."고 칭찬받는 것의 즐거움을 고백했다. 미국의 설득 심리학자 로버트 콩클린Robert Congklin은 "칭찬은 인간의 마음을 만족시키고 풍요하게 하며 기쁘게 하고 그리하여 따뜻한 심정을 북돋아준다."고 했다. 서양 속담에 "바보도 칭찬하면 쓸모 있게 된다."라는 말도 있다. 철강 왕 카네기는 "아홉 가지 잘못한 일을 꾸짖기보단 한 가지 칭찬을 해주는 것이 그 사람을 개선하는 데 효과적이다." 이처럼 칭찬에 관한 사례는 무궁무진하다.

칭찬은 격려가 된다

사람은 칭찬받기를 좋아한다. 실험에 따르면 상대방이 거짓말로 칭찬하는 것인 줄 알면서도 좋아한다는 것이 사람이라고 한다. 오죽하면 칭찬은 고래도 춤추게 한다고 했을까? 하지만 칭찬도 때와 장소를 가려서 해야 한다. 분위기 있고 점잖은 장소에서 선정적인 칭찬을 한다거나 상황에 어울리지 않는 칭찬은 진정한 칭찬이 아니라 조롱이 될 수도 있다. 청춘인 여러분은 그 자체로도 싱그럽고 톡톡 튀는 젊음을 발산한다.

윗 상사나 나이 지긋한 어른들이 여러분에게 예쁘다거나 멋지다고 칭찬하면 기분 좋게 리액션을 해주자. 나이든 남성들이 걸그룹 보면서 좋아하는 것을 보고 당시 걸그룹 나이였던 나는 '능글맞게 왜 저러시지?'라는 생각도 했다. 그런데 내가 나이를 먹다 보니 걸그룹도 예쁘고, 꽃미남들도 참 멋지고 귀엽다. 흑심을 품어서가 아니라 그저 청춘이고 젊음 자체가 예쁜 것이다. 그렇기 때문에 나이 든 어른들이 과하지 않은 표현에 있어서는 감사하게 생각하자. 칭찬받을 때는 태도도 중요하지만 상대방을 칭찬할 때는 두루뭉술하게 하는 것보다 구체적으로 콕 짚어서 칭찬하도록 하자.

"연우 씨, 오늘 예쁘네요."라기 보다는, "연우 씨, 오늘 스카프를 하고 오니 분위기가 색다르네요."라는 식의 구체적인 칭찬이 상대방에게 더 어필된다. 살짝 바뀐 머리 스타일까지 알아주는 센스를 발휘하면 상대방은 '아, 내게 관심을 가지고 있구나.'라고 생각하며 여러분에게도 호감을 갖게 된다. 구체적으로 상대방을 칭찬하기 위해서는 평소에 작은 노력이 필요하다. 상대방의 스타일이나 패션 등을 눈여겨보면서 한마디 날려주면 서로가 기분 좋게 소통할 수 있다.

얼마 전 내가 근무하는 곳에 어느 분이 책을 빌리러 오셨다. 그런데 책을 빌리러 오신 분한테 옆 사람이 한마디 거든 것을 들었다. "책 빌리러 오셨어요? 뭘 그렇게 많이 빌려 가세요? 책 많이 읽어서 좋겠어요!"라고 한다. 옆에서 듣고 있는데 말투가 빈정거린 건지 격려하는 건지 당최 헷갈렸다.

상사도 관심받고 싶고 사랑받고 싶어한다

직장인이면 직장 상사, 학생이면 선생님이나 교수님, 아르바이트생이면 고용주에게 사소한 칭찬멘트를 한번 날려보자. 어쩌면 오글거릴지 모르지만 한번 시도라도 해보면 어떨까? 직원들은 상사를 어려워한다. 상사가 휴가라도 가면 사무실 분위기가 업 되고 화기애애하다. 회식을 하면 제일 높은 상사 옆에는 늘 자리가 비어 있거나 겨우 앉는 분위기다. 좋고 싫고를 떠나서 상사라는 단어가 주는 위압감 때문이 아닌가 싶다.

상사가 될수록 외롭다. 그래서 조금만 신경 쓰면 상사와 친해질 수 있고 남들은 어려워하지만 어렵지 않은 관계로 발전할 수 있다. 아무리 권위적이고 까칠한 상사라도 살갑게 다가가서 웃는 얼굴로 "이사님, 안녕하세요? 오늘 넥타이 색깔이 날씨와 잘 어울리시네요!"라고 인사하면 얼굴 붉힐 상사 없다. 회식자리에서도 직원들 삼삼오오 있는 곳에 앉지 말고 당당하게 상사 앞이나 옆에 앉아보자.

나이가 들수록 사소한 것에 감동하기도 하고 삐지기도 한다. 어떤 상사는 한 말 또 하고, 한 말 또 하고……끝장을 볼 때까지 말한다. 집요하게 추궁하고 질책하면서 몇 시간이고 말하는 상사도 있다. 끊임없이 되풀이하는 이야기를 듣고 있노라면 인내력에 한계를 느낄 때도 있다. 잘못한 직원에 대해서만 질책하면 될 것을 전 직원 불러다 세워 놓고 말할 때면 설혹 자신의 일이 아니더라도 듣는 것만으로도 스트레스 받게 된다.

　그러나 그 상사도 관심받고 싶고 사랑받고 싶은 것을 반대로 표출한 것이라고 생각해보면 어떨까? 이런 상사의 마음을 안다면 아무리 역정 내는 상사라 할지라도 비위 맞추기는 외려 쉽다. 입만 열면 상사에 대해 불평하기보다 이해하려 해보자. 조금은 닭살 돋더라도 칭찬을 습관화함으로써 부드러운 인간관계를 유지하는 것이 자신에게 편하기 때문이다.

　미국 시사 주간지 〈타임〉 편집장이었던 리처드 스텐걸Richard Stengel의 저서 《아부의 기술》에서 아부를 '전략적인 칭찬, 즉 특별한 목적을 추구하는 수단으로서의 칭찬'이라고 정의하며, 현대사회에서 적절한 아부야말로 인간관계를 부드럽게 해주는 윤활유라고 말하고 있다. 저자에 따르면 로널드 레이건Ronald Reagan이나 빌 클린턴Bill Clinton 같은 미국의 인기 대통령은 국민을 상대로 아부를 늘어놓는 대표선수였으며, 백악관은 '아부의 드림팀'이 모인 곳이라고 했다. 우리와는 사뭇 다르다.

　그는 '아부의 황금률'로 다음 몇 가지를 든다.

　'그럴듯하게 하라', '누구나 아는 사실은 칭찬하지 말라', '칭찬과 동시에 부탁하지 말라', '의견을 따르되 모든 의견에 무조건 동의하지 말라' 등이다.

상사의 직언에 대한 처신이 나오는 대목을 소개한다. 국내 재벌 회사의 최고경영자 한 분은 조직에서 출세하는 비결로 적당한 실력, 끊임없는 아부, 영원한 오리발을 꼽았다. 다는 아니지만 윗사람에게 할 말은 해야 한다거나 바른말 하는 사람이 출세한다는 얘기는 세상 물정 모르는 사람들이 하는 소리인 경우가 많다는 것이다. 자기 분야에서 성공하고 장수한 이들 중 그 비슷한 얘기를 하는 사람이 적지 않다.

대기업의 임원에게서 "귀에 거슬리는 얘기보다는 듣기 좋은 소리를 하는 사람을 더 좋아하는 것이 인지상정 아니냐?"는 얘기를 직접 들었다. 그는 "현명한 오너는 회사 일을 맡길 사람, 같이 술 마시러 다닐 사람을 엄격히 구분한다."는 말도 곁들였다.

사실 요즘이 어떤 세상인가? 업무 능력도 있어야 하지만 오너를 설득할 수 있는 기술도 있어야 고위직에 오를 수 있다. 실제로 오너의 총애를 받는 상사를 모신 조직이 사기가 높고, 업무 효율 또한 높은 경우가 많다. 사사건건 윗사람들과 충돌하는 상사는 자신은 물론 아랫사람들까지도 힘들게 한다.

지인으로부터 들은 국내 굴지의 기업 2인자의 처세술 이야기가 가슴에 확 와 닿았다. 그는 회장의 무리한 사업계획이나 억지 춘향식의 지시가 있더라도 단 한 번도 면전에서는 불만이나 이의를 제기하지 않는다고 한다. 대신 단둘이 있는 좌석에서 공손하게 문제점이나 방향에 대해 논리적으로 설명하곤 했다. 나중에는 공개 회의 석상에서 가타부타 말이 없자 회장은 그를 따로 불러 "당신 생각은 어떠냐?"라고 물었다고 한다.

기업 2인자의 처세술은 사람들이 있는 상황에서는 일단 순종하는 것처럼 보여서 회장의 면을 살려주고 아무도 보이지 않는 자리에서 문제점을 말하는 사려 깊음을 보여주고 있다. 상사의 마음을 상하지 않고 자신의 생각을 관철시키는 법의 요령이라고 할 수 있다.

대부분의 상사는 자신에게 직언하는 부하를 좋아하지 않는다. 겉으로는 '솔직하게 말하라.' 라고 말하지만 솔직하게 말했다간 사이가 멀어지고 만다. 그만큼 상대방에게 충고를 하는 것도 받아들이는 것도 쉽지 않는 일이다. 위의 내용은 상사의 마음을 상하게 하지 않는 진정성 있는 직언을 보여준다.

여러분은 앞으로 많은 상사와 동료들을 만날 것이다. 직장은 단체 경기처럼 여러 사람들의 힘을 모아야 하기 때문에 조화와 협력이 반드시 필요하다. 축구 경기에서 팀원끼리 대화 없이 플레이를 펼치면 약속된 플레이는 가능하다. 하지만 상대방이 예상치 못한 플레이를 펼칠 때 조화와 협력 없이는 좋은 플레이를 기대할 수 없다. 요즘 신입 직원들은 자신의 생각을 거침없이 표현하고 통통 튀는 발언으로 주위를 끌기도 한다. 가끔 그런 자신감이 부러울 때도 있다. 그러나 아무리 개성을 중요시한다 할지라도 상대방에 대한 배려와 예의를 갖추도록 하자. 배려와 예의를 갖춘 상태에서 개성을 발휘한다면 여러분은 어느 곳에 있든지 빛날 것이다.

추임새와 쿠션 언어만
잘 사용해도 사랑받는다

내가 하고 싶어 하는 말 보다, 상대방이 듣고 싶은 말을 해라.
하기 쉬운 말 보다 알아듣기 쉽게 이야기해라.

·개그맨 유재석·

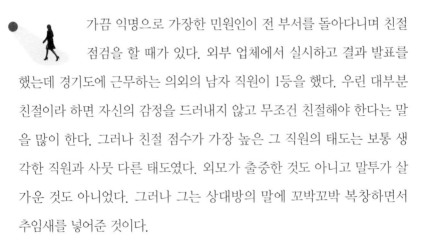

가끔 익명으로 가장한 민원인이 전 부서를 돌아다니며 친절 점검을 할 때가 있다. 외부 업체에서 실시하고 결과 발표를 했는데 경기도에 근무하는 의외의 남자 직원이 1등을 했다. 우린 대부분 친절이라 하면 자신의 감정을 드러내지 않고 무조건 친절해야 한다는 말을 많이 한다. 그러나 친절 점수가 가장 높은 그 직원의 태도는 보통 생각한 직원과 사뭇 다른 태도였다. 외모가 출중한 것도 아니고 말투가 살가운 것도 아니었다. 그러나 그는 상대방의 말에 꼬박꼬박 복창하면서 추임새를 넣어준 것이다.

"인감 증명서 한 통 발급해주세요."

"인감 증명서 말씀이십니까?"

"대리로 발급 가능하나요?"

"대리로 발급 가능하냐는 말씀이시죠?"

절대 상대방의 말을 끊지 않고 듣고 난 다음에는 복창해서 민원인이 재차 확인할 수 있게 하는 추임새를 넣어 주는 방식이었다.

추임새(리액션)

우리는 간혹 대화 중에 상대방의 말 도중 "나도 그런 경험 있어." "지난 번 나는 이랬어." 등의 말로 상대방의 말을 끊고 자신의 말을 하는 무례를 범한다. 그러면 처음 말했던 사람은 맥락이 끊겨 화제가 허공에 흩어지고 요지가 없는 상태로 중구난방 서로 자신의 이야기만 늘어놓게 된다.

의사소통 전문가 빌 램턴은 "말을 끊는 것은 당신이 주의를 기울이지 않고 있다는 가장 큰 표시이다. 다른 사람의 말이 당신이 하려고 하는 말보다 중요하지 않다고 여기고 있음을 보여준다."라고 했다. 누군가 말을 할 때는 그 사람 말이 중요하다. 주의 깊게 듣도록 하자.

지금은 퇴임하셨지만 내가 모셨던 상사 한 분은 자신의 말을 즐겨하신다. 언변이 좋으셔서 말을 감칠맛 나게 잘하신다. 체구도 작으신데 하루 종일 말씀하셔도 지치는 기색이 없으시다. 그분의 장점은 말씀하시는데 상대방이 잘 알아들을 수 있도록 쉽게 하실 뿐만 아니라 상대방의 말도 잘 들어주신다는 것이다. 더구나 대화를 하다 보면 추임새가 어찌나 좋은지 신 나고 유쾌해진다.

그런 반면 어떤 직원은 자신의 말을 속사포처럼 말하고 나서 "그렇지?"하면서 강요 섞인 동의를 구한다. 다음에 반론을 하면 그때는 수긍하지 않았냐며 오히려 큰소리다. 또 다른 직원은 처음부터 끝까지 부정적인 말만 늘어놓는다. 그런 사람과는 말 자체를 섞기가 싫다. 그런 동의할 수 없는 말에 어떻게 맞장구의 추임새를 해주겠는가?

나는 직장 상사나 동료들의 이야기를 들을 때면 공감의 추임새를 잘한다. 무슨 말을 할 때 "아, 네네, 그렇군요." "아이고야, 세상에", "어허이, 그랬구나!"라고 잘하는 편이다. 그러면 상대방은 더 신 나서 말한다. 사회생활하면서 적당한 추임새는 분위기도 좋아질 뿐만 아니라 소통하는데 의견이 달라도 합의를 도출하는데 어려움이 없다. 자신을 조금만 낮추고 상대방을 배려한다면 무슨 일을 해도 결국 이기는 것은 자신이다.

쿠션언어

사무실 내에서 보면 가끔 쿠션 언어를 잘 사용해 분위기를 좋게 만드는 직원이 있다. 존재감이 강해 그런 직원이 자리를 비우면 사무실이 썰렁해졌다가 돌아오면 다시 사무실이 활기가 넘치는 경우도 있다. 여러분이 그런 사람이 되어보면 어떨까? 그러기 위해서는 평소 마음을 편안하게 가지고 동료들을 아끼는 마음이 있어야 할 것이다.

쿠션언어란 충격을 완화시켜주는 역할을 하는 말랑말랑한 쿠션을 언어에 적용해 상대방에게 상처를 주지 않고 대화를 부드럽게 이끌어 가는 화법을 일컫는다. 가령, "죄송합니다만", "번거로우시겠지만", "번거롭지 않으시다면", "괜찮으시다면", "불편하시겠지만", "실례합니다만" 등의 환기를 유도하는 말은 상대방에게 배려와 존중받는 느낌을 전달하기 때문에 대화를 성공으로 이끄는 힘이 있다. 이런 쿠션언어는 명령이나 강압적인 것이 아니라 상대방에게 한 수 접고 들어가는 겸양의 태도가 담겨있어 상대방을 무장해제 시키는 장점이 있다. 상대방의 체면을 상하지 않고 자신이 원하는 결과로 이끌려는 협상 테이블이나 토론에 주로 사용된다. 토론 프로그램에서 부드럽게 상대방을 잘 배려하면서 자신의 주장을 차분히 늘어놓는 토론자를 유심히 지켜보면 쿠션언어를 얼마나 능수능란하게 쓰면서 자신이 원하는 바를 시청자에게 호소하고 있는지 알 수 있다. 언제나 우리는 윽박지르는 토론자보다 부드럽고 예의 바른 토론자의 편을 들어주게 되지 않던가? 논지가 조금 벗어나지만 그 토론자가 설득하려는 사람은 앞에 앉아있는 토론자가 아니라 시청자이기 때문이다. 아무튼 비슷한 뜻이지만 듣는 사람입장에서 보면 부드럽고 정이 가는 말로 바꾸어보는 연습을 해보자. 쿠션언어는 상대를 배려하는 말이니 어느 누가 들어도 기쁘고 감사하게 된다.

새가 울지 않으면 죽여 버린다.
• 오다 노부나가(織田信長)

새가 울지 않으면 울 때까지 기다린다.
• 도쿠가와 이에야스(德川家康)

새가 울지 않으면 새가 울도록 만든다.
• 도요토미 히데요시(豐臣秀吉)

일본에서 전국 통일의 기틀을 마련한 세 영웅의 성격을 가장 사실적으로 비유한 말이다. 울지 않는 새는 죽여 버린다는 오다 노부나가는 성격이 급하고 괴팍하기 짝이 없는 인물이었다. 그런 그에게 굉장히 아름다운 외모를 지닌 시중이 있었다. 모리 란마루(森蘭丸)라는 미소년이었다. 노부나가가 그의 외모에 반하여 엄청 총애했다는 말이 있다.

막부 시대 무사들이나 다이묘 – 지방의 영토를 다스리고 권력을 행사했던 유력자 – 들은 남성을 성적 파트너로 삼는 풍습이 공공연하게 퍼져 있었다. 일본의 천황도 예외가 아니었다. 눈썹을 밀어버리고 얼굴에 붉은 분칠을 한 미소년들이 갖은 시중을 드는 한편 잠자리까지 함께 했다. 심지어 여성들과의 잠자리는 천박하게 여길 정도로 고위층 남성들에게 미소년은 일종의 신분 과시용이었다.

란마루는 노부나가의 연애 상대이기도 하면서 전쟁터에서는 전략을 돕는 역할까지 도맡아 했다고 한다. 란마루는 용모뿐 아니라 두뇌도 명석했던 것으로 알려져 있다. 오다 노부나가는 재색을 두루 갖춘 란마루를 대단히 사랑했고 마음을 터놓는 유일한 사람이기도 했다. 6만 석의 영지를 선물해 줄 정도로 아꼈다.

노부나가는 급하고 괴팍한 성격 탓에 부하들에게 마음의 상처를 심하게 주었다. 심복이었던 아케치 미츠히데(明智光秀)는 성을 쌓는 공사 현장에서 노부나가로부터 갖은 수모를 당하고 앙심을 품게 되었다. 결국 미츠히데는 반란을 일으켰고 노부나가는 분신자살 하게 된다. 이때 란마루는 노부나가의 아내와 함께 몸을 날려 반란군의 칼날을 막아냈다. 노부나가를 배신한 미츠히데에게 비참하게 죽기 전에 스스로 분신자살을 할 수 있도록 시간을 번 것이다.

란마루는 총명했고 영특했다. 자신이 모시는 상사의 마음을 헤아리고 비위를 맞추는 데에도 타고난 기질이 있었다. 그의 성격을 잘 보여주는 일화가 있다.

란마루가 바구니에 귤을 가득 담아 옮기고 있었다. 이를 본 노부나가가 말했다.

"그렇게 많이 들면 넘어지지 않겠느냐? 조심하거라!"

아니나 다를까 노부나가의 말이 떨어지기가 무섭게 란마루가 비틀거리더니 털썩 넘어졌다. 노부나가가 웃으며 말했다.

"오오, 거 보거라. 내가 넘어진다고 했지 않았느냐?"

며칠 후 란마루가 노부나가의 부하에게 말했다.

"노부나가님께서 넘어진다고 하셨는데 제가 넘어지지 않으면 노부나가님께서 잘못 말씀한 게 되잖아요. 그래서 일부러 넘어졌습니다."

어느 날, 란마루가 부하들과 노부나가의 방으로 들어갔다. 노부나가가 말했다.

"저기 미닫이가 열려 있다. 닫고 오너라."

란마루가 가보니 미닫이는 닫혀 있었다. 그러나 란마루는 미닫이를 살짝 열었다가 소리가 '탁'나도록 닫았다. 노부나가가 말했다.

"열려 있었지?"

란마루가 말했다. "아닙니다. 사실은 닫혀 있었습니다."

"네가 지금 문을 닫고 오지 않았느냐?"

"예, 노부나가님께서 열려 있다고 하셔서 일부러 열어 모두가 듣도록 닫았습니다."

직장생활 오래 한 나로서도 참 수긍하기 힘든 이야기다. 물론 이렇게 하라는 말은 아니지만 어느 조직에서나 상대방에게 적당한 쿠션언어는 반드시 필요하다.

최근 아들과 주 1회 통기타를 같이 배운다. 아들보다 6개월 정도 늦게 시작해 코드 잡기도 힘들고 자꾸 빼먹어선지 실력도 늘지 않았다. 아들의 실력은 일취월장하는데 나는 제자리만 맴돌아 아들에게 푸념 섞인 어투로 한마디 했다.

"아들아! 왜 이렇게 코드 잡기가 힘들지?"

"엄마, 코드 잡기 힘드시죠? 제 작은 손가락 좀 보세요. 저도 처음엔 무척 힘들었어요. 그런데 자꾸 연습하다 보니 잘 되더라고요. 엄마도 연습하다 보면 잘 하실 거예요."

나는 아들의 말에 갑자기 눈물을 왈칵 쏟고 말았다. 만약 입장을 바꾸어 아들이 내게 물었을 때 나는 뭐라고 대답했을까? "얀마, 엄마처럼 나이 먹은 사람도 하는데 어린 녀석이 코드 하나 빨리 못 잡고 그러냐?"라고 말하지는 않았을까? 나는 아들의 순수한 말에 진정 감동 받아 더 열심히 치고 있다. 이렇듯 대화 중에 넣는 적절한 쿠션언어로 상대방에게 큰 감동을 줄 수 있다. 또한 상대방의 마음까지도 얻을 수 있다.

평소 잘 웃는 L, 상대방을 기분 좋게 칭찬해주는 H, 프로페셔널하게 옷을 잘 입는 P, 사무실에서 쿠션언어로 분위기메이커를 담당하는 J 등 여러분만의 시선으로 자신이 닮고 싶은 부분을 메모하는 것이다. 그래서 장점만을 취해서 닮아가 보는 것은 어떨까? 딱 한두 사람을 롤모델로 하기보다 좋은 부분을 취해서 선배들을 닮는 것도 좋다. 그러다 어느 날 "선배님, 저는 선배님의 추임새로 사무실 분위기를 띄워주는 모습이 참 보기 좋았어요. 저도 그 점을 배우고 싶어요."라는 말을 날렸다고 생각해보자. 그 선배, 여러분의 허물까지 다 덮어주고 싶을 정도로 사랑스러울 것이다.

스트레스를 부르는 그 이름,
직장 상사

진정으로 성실하다는 것은
그 일을 했는지 안 했는지
아무도 알 수 없다는 것을 알면서도
옳은 일을 하는 것이다.

·오프라 윈프리·

직장인 10명 중 8명은 꼴 보기 싫은 상사와 근무하고 있는 것으로 조사됐다. 온라인 취업포털 '사람인'이 직장인 1,120명을 대상으로 "꼴 보기 싫은 상사와 근무하고 있습니까?"라는 설문을 진행한 결과 84.7퍼센트가 '있다'고 응답했다.

꼴 보기 싫은 상사의 유형은 '자기 의견만 옳다고 주장하는 상사'(50.7%, 복수 응답)가 1위를 차지했다. 다음으로 '무능력한 상사'(39.6%), '자기만 아는 이기적인 상사'(37.9%), '개선책 없이 꾸짖기만 하는 상사'(33.3%), '윗사람에게 아부하는 상사'(30.6%), '불가능한 일도 무조건 하라고만 하는 상사'(28.9%), '언어폭력을 일삼는 상사'(26%), '사사건건 참견하는 상사'(25.7%), '성과를 가로채는 상사'(24%), '우유부단한 상사'(21.9%) 등이 뒤를 이었다.

꼴 보기 싫은 상사가 미친 영향으로는 '이직을 결심하게 되었다'(43.5%,

^{복수응답})를 첫 번째로 꼽았다. 이어 '애사심이 줄어들었다'^(43.2%), '인내심을 키우게 되었다'^(30.3%), '업무에 소홀하게 되었다'^(28%)등이 있었다.

직장인들은 꼴 보기 싫은 상사에 대한 대응으로 79.2퍼센트가 '그냥 참는다.'라고 답했는데 그 이유로는 '말해도 바뀌지 않을 것 같아서'^(35.6%)가 가장 많았다. 반면 꼴 보기 싫은 상사에게 불만을 참지 않고 표현하는 응답자들은^(197명) 그 이유로 '상사도 고칠 것은 고쳐야 해서' ^(41.6%)를 첫 번째로 선택했다.

한편 대리급 이상 직장인들 중 본인이 꼴 보기 싫은 상사인지 묻는 질문에는 76.7퍼센트가 '해당되지 않는다.'고 답했다. 이직을 결심할 정도로 꼴 보기 싫은 상사가 있다고 대답하면서 정작 자신은 꼴 보기 싫은 상사가 아니라고 생각한다. 그만큼 자기의 허물은 관대하고 타인에겐 냉정하다는 것을 알 수 있는 대목이다.

우리의 현실은 10명 중 8명이 꼴 보기 싫은 상사와 근무하고 있다. 그렇다면 꼴 보기 싫은 상사에게 어떻게 대응해야 할 것인가?

일단 상사의 어떤 점에 화가 났는지 글로 기록해 보자. 내 개인적으로 싫어하는 스타일이어서 싫어하는 것은 아닌지, 보기 싫은 상사를 보면서 다른 어떤 사람을 떠올리는 것은 아닌지 주목해야 한다. 아무리 싫은 사람도 100퍼센트 싫은 사람은 없다. 조목조목 따져보면 장점을 분명히 찾아볼 수 있다. 어제의 적이 오늘의 동료가 되는 것이 조직사회의 현실이다. 100퍼센트 적군도, 100퍼센트 아군도 없음을 기억하자. 싫어하던 사람과도 어느 순간 가장 친한 동료가 된다. 근무하면서 그런 경우를 심심찮게 봐 왔다. 이런저런 이유로 그렇게 싫어하더니 어느 날 함께 저녁 먹고 술 마시고 무척 친하게 지내는 것이다.

상사를 이해하기 위하여

'개구리 올챙이 시절 기억 못한다.'라는 속담이 있다. 평직원으로 있을 때는 인간성이 좋고 업무처리 뛰어나고 동료직원 배려를 잘하는 사람이었는데 관리자가 되면서 완전히 바뀐 사람도 있다. 자리가 사람을 만드는 건지 사람이 진짜 변한 건지는 모르겠다. 관리자가 되면서 자신이 평직원 시절에 고달팠던 것은 뒤로하고 직원들을 쪼곤 한다. 오히려 화를 버럭 내고 뒤끝 없는 상사는 낫다. 불러다 조근 조근 따지면서 가루가 되도록 밟는 상사도 있다. 한 말 또 하고를 끊임없이 되풀이하는 상사한테 잔소리를 들어야 하는 상황도 있다.

그러나 묻고 싶다. 그런 상사 입장을 온전하게 이해하려 한 적은 있었는지? 직장 상사가 그 자리에 있는 것은 분명 이유가 있다. 부하 직원이 보기엔 능력이 없어 보여도 회사를 위해 공헌했거나 그 자리에 있을 법하기 때문에 있는 것이다. 근무를 하다 보면 내 스타일에 맞고 좋은 상사보다 힘든 상사가 훨씬 많다. 많은 직원들한테 리더로서 존경받는 상사는 생각보다 많지 않다. 사람들은 상대방의 칭찬에는 인색하고 어떻게 하든지 단점을 찾아내 도마 위에 올려놓고 뒷담화를 하려는 사람들이 많다. 생각의 틀을 바꿔보자.

세 명 가는 곳에 내 스승이 있다고 하지 않는가? 분명히 여러분이 보기엔 무능력한 상사로 보이지만 자세히 들여다보면 장점이 많고 본받을 점이 보인다.

고바야시 가오루(小林 薫)의 《피터 드러커, 미래를 읽는 힘》를 보면 상사에 대한 말이 나온다.

"상사는 괴물도 아니고 천사도 아니다. 상사 역시 바늘로 찌르면 붉은 피가 흐르는 아주 평범한 인간이다. 상사는 사람의 마음을 헤아려주는 사람이 아니다. 자신의 일에 온통 정신이 팔려 있다. 당신의 머릿속이 당신의 일로 가득 차 있는 것과 마찬가지로, 상사의 시간도 자신의 일로 여유가 없다. 오히려 상사는 부하를 위해 너무 많은 시간을 소비하고 있다고 생각한다.

상사를 과소평가해서는 안 된다. 과대평가하는 것은 구제받을 수 있다. 과대평가의 결과는 실망 정도이기 때문이다. 하지만 상사를 과소평가하면 어떤 보복을 당할지 모른다. 아직 속마음을 잘 알지 못할 때 상사를 과소평가하는 것은 절대 금물이다."

상사와 소통하기

최 대리는 늘 명랑하고 일 처리도 스마트하게 잘 처리하는 편이다. 유 대리는 성격이 온순하고 빠르지는 않지만 나름 성실하게 근무하는 스타일이다. 부장은 월요일 아침 두 사람을 불러 다음 주에 있을 프로젝트 건에 대해 일주일 동안 시장조사를 시켰다.

최 대리는 일 처리가 빠르다는 생각에 금요일이 돼서야 일을 시작했다. 금요일 하루로는 다소 무리가 있어 월요일 아침 일찍 출근해서 할 계획이었다. 주말을 여유롭게 쉬고 와서 부랴부랴 보고서를 만들어 월요일 부장에게 자료를 올렸는데 왕창 깨지고 말았다.

유 대리는 부장에게 지시를 받고 곰곰이 생각하면서 다음날인 화요일이 되자 부장한테 가서 묻는다. "부장님, 부장님께서 지시하신 내용을 이런 식으로 하려고 하는데 괜찮겠습니까?"라고 말이다. 부장의 중간 지시를 받고 진행하다 금요일 즈음해서 다시 부장에게 가서 피드백을 받는다. 자료를 작성하는데 일주일이 지난 월요일에도 다 끝내지 못했다.

부장의 입장에서는 누가 일을 잘한다고 생각할까?

어떤 지시가 떨어지면 바로 해결될 것이 아닐 경우 중간보고를 하는 것이 좋다. 상사도 업무를 지시해두고 매번 어떻게 되는지 물어보지 못하고 속으로만 '시킨 일은 잘하고 있나?'하면서 궁금해할 것이다. 며칠이 지나도 진행 경과에 대한 보고가 없다면 신뢰가 점점 떨어지기 시작한다. 월요일 날, 최 대리가 완벽한 보고서를 가져오지 않는 이상 야단맞을 수밖에 없다. 그러나 잘 모르지만 업무 지시를 받고 중간 중간에 물어보면서 진행하다 보면 자신과 방향이 다를 경우 즉각 수정도 가능하다. 상사 역시 일 처리의 진행 경과를 알 수 있으므로 안심이 된다.

이런 일련의 행동들이 그다지 어렵지 않음에도 불구하고 많은 직원들은 상사에게 보고하는 것을 꺼린다. 직원은 중간보고 가서 깨질까 봐 최대한 마무리해서 가려 하고, 상사는 중간보고가 안 들어와 마음이 먼저 불신하게 되는 것이다. 그렇게 불신이 쌓이다 보면 다음 업무지시를 내릴 때도 못 미더워한다. 점점 소통이 줄어들고 스트레스로 이어진다. 결국 성과는 고사하고 인사고충 등을 통해 다른 부서로 이동하려고 발버둥 치게 된다. 결국 손해는 자신이 보게 된다.

어느 곳에서 어떤 일을 하든지 도망치지 말고 있는 자리에서 승부를 보자. 어디를 가든 80퍼센트의 확률로 우리를 괴롭히는 상사가 버티고 있지 않은가?

감정 관리의 달인이
되게 하여 주시옵소서

사람에게 부족한 것은 강인함이 아니라 의지력이다.
·빅토르 위고·

 매일 아침 기대와 설렘을 안고 하루를 시작할 수 있게 하소서. 항상 미소를 잃지 않게 하시어 나로 인하여 남들이 얼굴 찡그리지 않게 하소서.

상사와 선배를 존경하고 아울러 동료와 후배를 사랑할 수 있게 하시고, 아부와 질시를, 교만과 비굴함을 멀리하게 하소서.

작은 일에도 감동할 수 있는 순수함과 큰일에도 두려워하지 않는 대범함을 지니게 하시고, 적극적이고 치밀하면서도 다정다감한 사람이 되게 하소서.

자기의 실수를 솔직히 시인 할 수 있는 용기와 남의 허물을 따뜻이 감싸줄 수 있는 포용력과 고난을 끈기 있게 참을 수 있는 인내를 더욱 길러 주옵소서.

직장인 홍역의 날들을 무사히 넘기게 해주시고 남보다 한 발 앞서감이 영원한 앞서감이 아님을 인식하게 하시고, 또한 한 걸음 뒤처짐이 영원한 뒤처짐이 아님을 알게 하여 주옵소서.

자기반성을 위한 노력을 게을리하지 않게 하시고, 늘 창의력과 상상력이 풍부한 사람이 되게 하시고, 매사에 충실하여 무사안일에 빠지지 않게 해주시고, 매일 보람과 즐거움으로 충만한 하루를 마감할 수 있게 하여 주옵소서.

그리하여 이 직장을 그만두는 날, 또한 생을 마감하는 날, 과거는 전부 아름다웠던 것처럼 내가 거기서 만나고 헤어지고 혹은 다투고 이야기 나눈 모든 사람들이 살며시 미소 짓게 하여 주옵소서.

회사는 늘 자신의 말보다 관리자의 말을 믿는다

인터넷에서 퍼온 작자 미상인 〈어느 직장인의 기도〉라는 시다. 이 시처럼만 산다면 무슨 걱정이겠는가? 직장생활 하다 보면 별별 사람들이 다 있다. 위의 기도처럼 살고 있는 사람도 있을 수 있겠지만 많은 사람들은 상사에게 시달리고 동료에게 스트레스 받으면서 근무한다. 까칠하고 괴팍한 상사인데도 승진이 더 빠르고 승승장구하는 경우도 있다. 많은 사람들이 따뜻한 리더십을 외치지만 실전에서는 까칠한 리더십을 지닌 상사가 많다. 많은 직장인들의 애환을 대신해서 반대로 표현한 것이 아닌가 싶다.

신시아 샤피로Cynthia Shapiro는 《회사가 당신을 채용하지 않는 44가지 이유》에서 이렇게 말하고 있다. "직원들은 회사를 비판하는 것이 여태 껏 쌓아온 모든 성과를 무너뜨릴 만큼 치명적이라는 사실을 모른다. 회사에 대하여 좋은 이야기는 얼마든지 해도 괜찮다. 하지만 노골적으로 불평하거나 반대하거나, 불만을 표출하는 순간 당신은 위기에 처한다.

상사와 맞서는 것은 지는 게임이다. 회사는 늘 여러분의 말보다 관리자의 말을 믿는다. 관리자들은 남다른 능력이나 뛰어난 조직 관리력만으로 그 자리에 오른 게 아니다. 그들은 회사의 성공을 위해 최선을 다한다는 것을 증명했기 때문에 그 자리까지 오를 수 있었다. 당신이 상사와 마찰을 빚었다면, 이유 여하를 막론하고, 옳고 그름에 관계없이 회사는 절대로 당신 손을 들어주지 않는다."

직장생활은 특히나 감정 조절을 잘해야 한다. 비단 사회생활뿐만 아니라 여러분이 있는 그곳이 다 해당된다. 내가 직장인이라 직장을 예로 들지만 집에서도 학교에서도 마찬가지다. 감정이 폭발하려 할 때 3초만 침 꿀꺽 삼키고 그 순간만 모면하는 습관을 들여 보자. 그러나 그 순간을 못 참고 버럭 하는 순간 자신의 이미지가 깎이고 회사에 소문이 파다하게 나고 만다.

"저 직원이 그랬다며?"

발 없는 말 천 리가 아니라 만 리까지 가는 세상이다. 설혹 상사가 버럭 했을지라도 상사를 욕하기에 앞서 이해하려고 노력해보자. 버럭 한 것 때문에 스트레스 받기에 앞서 상대방이 왜 버럭 했는지 생각하면서 이해해보자. 이해하려 하면 그것은 고통이 아니라 그 일을 계기로 자신은 한 단계 더 성장하게 될 것이다.

이제는 감정소통의 시대이다. 아무리 좋은 스펙, 좋은 학벌이 있더라도 직장 내 상사와 동료 간 감정소통이 잘 되지 않는 직원은 회사 내 왕따로 전락하고 만다.

예를 들어 학창시절 우수한 성적과 탁월한 스펙으로 9급 공무원에 들어왔다. 동 주민센터에서 등·초본 발급 담당을 한다. 신규직원이 동 주민센터로 발령 나면 대부분 민원업무를 보게 된다. 그랬을 경우 '내가 이런 스펙과 학력으로 등·초본이나 떼야 하나?'라는 생각을 가지고 업무를 보게 되면 매사에 민원인과 부딪히고 자기 스스로 자존감도 낮아진다. 물론 등·초본 발급 업무야 고등학교만 졸업해도 충분히 소화할 수 있는 업무이다. 그러나 직장에 들어와 자신에게 업무가 주어지면 그 업무에 충실해야 한다. 등·초본 담당에 불만을 가질 것 같으면 그 정도의 스펙과 학력으로 7급 공무원이나 행정고시를 봐야 하지 않을까? 근무하면서 느낀 것은 좋은 학벌과 스펙이 탁월한 업무 성과와 비례하지는 않다는 것이다. 어떤 조건으로 들어왔건 일단 직장에 들어왔으면 있는 그 자리에서 새로 경력을 쌓아가는 것이다. 그러면서 서서히 스펙과 경험이 상호보완하면서 베테랑으로서의 역량이 축적되는 것이다. 그때까지 감정을 컨트롤하자. 감정은 우리 사람만이 갖는 고귀한 특권이다. 이 감정을 적절하게 통제해야지 제대로 통제하지 못하고 좌충우돌 부딪친다면 자신의 이미지는 실추되고 상대방과의 관계도 깨지게 된다.

상사는 책임을 지는 사람이다

직장생활 하다 보면 하위직에 있을 때가 훨씬 편하다는 것을 느낀다. 직급이 올라갈수록 책임지는 일의 범위와 식솔들이 늘어난다. 아래 직원들은 대부분 수동적이고 위에서 지시하는 일만 잘하면 깨지지는 않는다. 그 범위를 벗어나 적극적으로 일을 찾아 하는 직원이 사랑받고 성공하는 것은 자명하다. CEO나 리더는 외롭다. 모셨던 국장님께서는 자신의 방이 있고 비서가 있음에도 외롭다고 하셨다.

"직원들이 결재를 와야 말할 수 있고, 결재가 뜸할 때면 방안에서 장시간 아무하고도 말없이 멍하게 있는 경우도 있어. 그래서 결재 오면 이런저런 이야기로 붙들고 싶지."

그냥 흘려들을 수도 있는 이야기지만 말씀을 마치시면서 쓴웃음을 짓는 모습 속에서 절대 가볍지 않은 말이라는 것을 느낄 수 있었다. 이런 상사의 마음까지 헤아리는 직원이라면 일은 말할 것도 없이 잘할 것이다. 신뢰는 따 놓은 당상이다. 가끔 어떤 신규 직원을 보면 마치 근무 십년차 같은 직원이 있다. 신규직원은 파릇파릇하고 동작이 재빨라야 하는데 직장생활에 물이 들어 느물느물한 직원 말이다. 의자에 앉아있다가도 선배가 오면 바로 일어나서 "여기 앉으세요!"라고 말하는 후배와 그냥 멀뚱멀뚱 쳐다보다가 고개만 끄덕하는 후배 중 누가 더 예뻐 보이겠는가? 귀찮더라도 내 자신을 위해서 움직여보면 어떨까?

영국의 동물행동학자 데즈먼드 모리스Desmond Morris는 명저《피플
워칭》에서 사람의 심리는 대략 일곱 가지의 신호를 통해 드러난다고 했
다. 표정과 제스처, 말투나 목소리의 변화, 손의 미묘한 변화, 자율신경
의 변화, 다리의 움직임, 몸통의 움직임이 그것이다. 우리는 대화할 때
몸을 움직인다. 때로는 앞으로 내밀기도 하고 때로는 뒤로 젖히기도 한
다. 상대에게 호감이 가면 몸이 앞으로 기울어지며 관심이 없으면 뒤로
젖히게 된다. 또한 상대방이 이야기할 때 팔짱을 끼고 듣는 사람도 있다.
표정과 행동은 자신의 이미지를 굳히는데 생각보다 많은 부분을 차지한
다. 어떤 누군가를 지목했을 때 항상 같은 행동을 반복하는 사람을 두고
"아, 그 직원 인사도 잘 안 받아!" 내지는 "그 직원은 이야기할 때 꼭 팔
짱을 끼고 있어, 버릇없이!"라는 말을 한다. 반면 작은 몸짓, 표정에서도
상대방에 대한 배려가 묻어난다면 좋은 이미지로 각인이 된다. 물론 처
음에는 그리되지 않으니 연습이 필요하겠지만 말이다. (참고로《피플워칭》을 읽
으면 상대방의 심리가 몸으로 드러나는 신호를 잘 읽을 수 있게 되니 일독을 권한다.)

나 하고 싶은 데로 하고 산다면 얼마나 좋을까? 그러나 우리의 삶은
똑같은 경우가 한 가지도 없을 정도로 다양한 일과 맞닥뜨린다. 그런 부
분에 있어 조금만 신경 쓰면 직장생활이 즐겁고, 학교생활이 즐겁고, 아
르바이트가 즐겁다. 내 현재 생활이 즐거워야 결국 내 삶이 즐겁고 다른
사람을 위해 베풀 수 있는 심적 여유가 생긴다. 신입사원 때 많이 배워
두자. 근무 경력이 늘어날수록 상대방은 여러분에 대한 기대치가 높아진

다. 경력이 오래되었으니 잘 알겠거니 하고 알려주지도 않는다. 신입사원 때는 실수도 귀엽게 봐줄 수 있으므로 모르면 개의치 말고 물어물어 잘 배워두자.

내가 아는 P는 참 유쾌하다. 유머감각도 풍부하고 센스도 있다, 일 처리도 빨리 잘하고 자기계발도 나름 열심히 한다. 그러나 그는 술버릇이 고약하기로 소문이 났다. 백번 잘하다가 한번 잘 못하면 찍히듯이 그는 자신이 많은 장점을 가지고 있음에도 불구하고 좋지 않는 술버릇 때문에 사람들의 입에 회자된다. 직장생활 하다 보면 상대방의 칭찬에는 인색하고 잘못한 것이 있으면 커다랗게 부풀려 소문이 나곤 한다. 좋지 않은 소문은 근무하는 내내 꼬리표를 달고 다닌다. 신입사원 때는 술자리도 각별하게 신경 쓰자. 특히나 자신의 이미지가 '술버릇이 고약함'이라는 소문이 나지 않도록 해야 한다. 이래저래 직장은 언제나 긴장의 끈을 놓기 힘든 곳임에는 틀림없다. 괜히 〈직장인의 기도〉가 인터넷에 떠돌고 공감을 얻는 게 아니다. 봉급을 받고 성과를 내야하니 어쩌면 편한 직장생활이라는 말이 어불성설일지도 모르겠다. 언젠가 직장생활이 편하다고 느껴지는 날이 온다면 당신은 완전히 적응한 것이다.

스트레스에
무뎌지기 위하여

균형 잡힌 시선을 지닌 자는
가장 매혹적인 걸음걸이로 자신의 생을 거닌다.
·레이철 카슨·

행복한 직장생활을 하는 방법으로 여러 사례를 제시한다. 허나 매일 매일 즐겁고 행복한 직장생활을 한다는 것은 불가능하다. 가끔 "신의 직장인데 뭐가 걱정이냐?" 라든가 "안정적인 공무원이라 얼마나 좋을까?"라는 이야기를 하지만 현실은 녹록지 않다. 밖에서 보기엔 "공무원은 안정적이어서 좋겠다, 연금이 나와서 염려가 없지 않나, 6시면 바로 퇴근해서 편하겠다."라는 말을 하지만 일반 직장인처럼 상사에게 시달리고, 동료에게 스트레스 받고 좌충우돌 빡빡하다. 스트레스 받은 상사로부터 벗어나 다른 곳으로 발령 나면 그곳엔 또 다른 복병이 기다리고 있다. 함께 근무하면서 유쾌하게 근무하고 상대방으로부터 스트레스 받지 않는 부서에 근무한다는 것은 커다란 복이다.

미국 컨설팅 회사 페르소나 인터내셔널의 인력전문가 존 고스틴Jon

Gornstein 박사는 "직장인의 이직은 회사를 떠나는 것이 아니라 직장 상사를 떠나는 것이다."라고 했다. 직장생활에 있어 상사나 동료로 인해 받는 스트레스는 상상을 초월한다. 얼마나 스트레스를 받으면 이직이 직상 상사를 떠난다고 했을까? 한두 해 직장생활 하다 끝낼 것이 아니라면 직장생활 3가지 팁을 챙겨 이왕이면 즐겁게 근무하도록 하자.

분위기에 동요되지 말자

가끔은 아침부터 사무실 분위기가 쫙 가라앉아 있을 때가 있다. 물론 날씨나 어떤 상황에 따라 그럴 수도 있겠지만 직장 상사의 기분에 따라 사무실 분위기가 좌지우지될 때도 있다. 직원들은 서로 눈치 보면서 '아침부터 부장님의 표정이 왜 저러시지? 사모님과 다투셨나? 나에게 불똥이 떨어지지는 않겠지?'라는 별별 생각을 다 하게 된다. 사실 상사의 기분은 나와는 무관하다. 그러나 상사의 기분에 따라 괜히 가슴 졸이며 걱정한다. 많은 사람들이 일어나지도 않은 일 가지고 전전긍긍한다. 자신이 생각하는 기준으로 상대방을 바라보고 판단한다. '혹시 그런 거 아닐까?'로 주변 눈치를 보곤 한다. 하지만 자신을 꼭 집어 꾸중하기 전까지는 마음 졸이며 근무하지 말자. 우리는 타인의 눈치를 너무 많이 보고 산다. 어지간한 것들은 흘려버릴 필요도 있다.

스티브 잡스의 명연설이었던 스탠퍼드 졸업식 축사의 전문은 수십 번 읽었는데도 감동적이다. 그중 일부다.

"여러분의 시간은 한정되어 있습니다. 따라서 다른 사람의 삶을 사느라 시간을 낭비하지 마십시오. 다른 사람들 생각의 결과물에 불과한 도그마에 빠져 살지 마십시오. 타인의 견해라는 소음이 여러분 내면의 목소리를 덮어버리지 못하게 하세요. 가장 중요한 것은 여러분의 마음과 직관을 따르는 용기를 가지라는 것입니다. 마음과 직관은 여러분이 되고 싶어 하는 바를 이미 알고 있습니다. 그 외에 모든 것은 부차적인 것입니다."

상대방이 나를 좋게 평가한다고 좋아할 것도, 나쁘게 평가한다고 속상해 할 것도 없다. 직장생활을 오래 하다 보니 평생 아군도 평생 적군도 없다는 것을 알게 됐다. 서로 으르렁거리며 영원히 평행선으로 지낼 것 같은 사람도 어느 날 보면 언제 그랬냐는 듯이 잘 지내는 사람도 있다. 같이 근무할 때는 누가 접근도 못하게 붙어 다니다가 다른 부서로 이동하면 나 몰라라 하는 직원도 심심찮게 봤다.

성서 구절을 적용시켜 해석해 놓은 유대교의 《미드라시》에는 다음과 같은 일화가 있다.

어느 날 다윗 왕이 보석 세공인에게 다음과 같이 명령했다.

"반지 하나를 만들되 거기에 내가 큰 승리를 거둬 기쁨을 억제하지 못할 때 감정을 조절할 수 있고, 동시에 내가 절망에 빠져 있을 때는 다시 내게 기운을 북돋워 줄 수 있는 글귀를 새겨 넣어라."

좀처럼 생각이 나지 않은 세공인은 지혜롭기로 소문난 솔로몬 왕자를 찾아갔다. 이야기를 들은 솔로몬 왕자가 답했다.

"그 반지에 '이것 역시 다 지나가리라.'라고 새겨 넣으십시오. 왕이 승리감에 도취해 자만할 때, 또는 패배해서 낙심했을 때 그 글귀를 보면 마음이 가라앉을 것입니다."

모든 사람으로부터 잘한다는 칭찬을 받을 수 없다. 왜냐하면 사람은 완벽하지 않기 때문이다. 칭찬과 비난에 일희일비하는 사람이 되지 말자. 그런 스트레스에서 벗어날 때 직장생활이 비로소 즐거워진다.

남녀 차이를 인정하자

내가 근무하는 곳은 남성 직원이 677명, 여성 직원이 507명이다. 그러나 청원경찰, 운전직 등 특수 직렬을 빼고 일반 사무실에서는 여직원이 70~80퍼센트를 차지한다. 이제는 남녀 구분 없이 일을 해야 한다. 그러나 무조건 남녀평등 외치는 행동은 오히려 마이너스이기 때문에 적절히 대처하도록 하자.

2011년 1월 영국 심리학회 저널에 실렸으며 〈데일리 메일〉에 보도된 내용이 다소 흥미로워 소개한다.

흔히 남성들이 주도하는 직장에서 성공한 커리어우먼은 자신감 있고 독단적인 성격으로 남성 같은 기질을 가졌을 것으로 생각하지만, 여자다운 여성이 훨씬 성공하기 쉽다는 연구결과가 나왔다. 미국 버지니아 주조지 메이슨 대학 올리비아 오넬리Olivia Oneli 박사는 경영학 석사 과정 남녀 학생 80명을 대상으로 그들의 성격이나 기질에 대해 조사한 뒤 8년 지난 후에 이들이 어떤 경력과 승진궤도를 걸었는지 살폈다. 조사 결과

일할 때 공격성을 드러내는 마초 타입의 여성들보다 오히려 여성스러움이 강점인 숙녀 타입 여성들이 더 수월하게 성공 가도를 걷는다는 것을 발견했다.

결국 남성이 남자답게 구는 것은 남성 중심의 사회구조에서 미덕이 되지만, 여성이 남자답게 구는 것은 오히려 결점이 되고 비호감을 갖게 되는 원인이 된다는 것이다. 이 연구결과는 페미니스트들에겐 실망스럽겠지만 '여성은 일터에서도 여성스러움이 성공비결'이라는 결론에 이르고 있다.

이에 반해 보스 기질이 강한 여성들은 자기 행동이 어떻게 비치는지 스스로 돌아보는 것이 일상화되어 있지만 이런 여성 상사에 대해 신입 남성 직원들은 그다지 자극도, 영향도 받지 않는 것으로 조사됐다.

오넬리 박사는 "남성 중심의 사회라고 해서 여성들이 남성처럼 행동할 필요는 없다."며 "기존 남성들의 틀에 박힌 행동이 비록 많은 경우 성공과 연결된다 해도 여성들에게는 오히려 방해가 될 수 있다."고 말했다.

일에 대한 스트레스를 집으로 가져가지 말자

사무실에서 스트레스 받으면 술을 마시면서 푸는 직원들이 많다. 그러나 나 같은 경우는 술을 그다지 좋아하지 않아 스트레스 해소 방법이 마땅찮다. 표현하지 못하고 끙끙 앓다 보면 집에서도 계속 생각하게 된다. 생각이 꼬리에 꼬리를 물게 되고 최종 생각은 더 부풀려 스트레스가 극에 달한다. 스트레스 받고 퇴근하면 그 여파가 아이들한테까지 전달된다. 애꿎은 아이들만 잡게 된다.

사무실에서 받은 스트레스를 집으로 끌고 가면 결국 나만 괴롭다. 빨리 내려놓고 집에서는 최대한 아이들과 함께하는 습관을 들이다 보니 훨씬 편해졌다. 또한 자고나면 의외로 마음이 정리될 때도 많다. 내가 그렇게 일과 가정을 분리하게 된 이유는 남편 덕분이다. 남편은 결혼 후 지금까지 회사에서 받은 스트레스를 말한 적이 없다.

어느 날 남편에게 물었다

"자기는 회사에서 스트레스 안 받아?"

"받지, 왜 안 받아."

"근데 왜 집에서 회사에서 받은 스트레스에 대해서는 한마디도 안 해?"

"그거 말해서 뭐하게? 집에서는 편하게 있어야지."

처음엔 남편이 참 이상한 사람 같았다. 힘들면 같이 힘들어하고, 기쁘면 함께 기뻐하는 것이 부부가 아닐까 생각한 나로서는 이해가 되지 않았던 것이다. 스트레스에 대해 나에게 말을 하지 않는다고 다툰 적도 있었다. 일방적으로 내가 싸움을 건 것이다. 그러나 곰곰이 생각해보니 남편 말이 이해가 가고 굳이 스트레스를 집으로 가져갈 필요가 없었다. 그 후 일과 가정을 분리하면서 스트레스를 받더라도 가급적 공중에 뿌리고 퇴근한다.

스트레스는 만병의 근원이다. 요즘 젊은 친구들도 스트레스 때문에 위장병이 생기고 얼굴에 뾰루지가 나는 등 몸의 변화로 괴로움을 토로한다. 스트레스로 인해 화병이 생기고 심지어 암까지 유발한 경우도 봤다.

침 한번 꿀꺽 삼키고 큰 우주 속의 나를 생각하자. 이 거대한 우주 속에서 조그마한 지구, 그리고 지구 속의 대한민국, 대한민국 안의 내 직장, 직장 안에서의 나와 직원…… 우주에서부터 생각하면 티끌 하나도 아니다. 스트레스 받을 때 내가 이용하는 방법이다. 마음을 넓게 가지고 심플하게 생각하자.

여러분도 알지 않는가? 무뎌지는 것도 가끔은 괜찮은 방편이라는 것을!

불공평한 대우에 대처하는 자세

사람은 믿음에 대한 본질부터 바꿔야
물질적, 재정적 상황을 바꿀 수 있는 힘을 얻는다
·나폴레온 힐·

직장생활 하다 보면 상사가 부르는 일이 잦다. 여러분의 상사가 부른다면 반드시 수첩과 볼펜을 들고 가라. 벌써 십 년이 넘었지만 상사 한 분은 지금도 나를 보면 가끔 말씀하신다. 나를 부르면 항상 "네, 과장님!"하면서 수첩과 볼펜을 들고 뛰더라는 것이다. 그때는 부서장님이 부임하셨기 때문에 긴장한 탓도 있었겠지만 어떤 말씀을 어떻게 하실지 몰라 메모를 하기 위해서였다. 그리고 부서장님의 말씀이 끝나면 꼭 "이렇게 하라는 말씀이시지요?"라고 다시 한 번 확인했다. 그러는 사이 잘못 알아들은 것이나 상사의 의중을 확인할 수가 있기 때문이었다.

또한 상사에게 보고하는 것도 타이밍이 중요하다. 상사가 바쁜 스케줄로 정신없는데 보고한다고 하면 성격이 급한 상사는 눈치 없게 시도 때도 없이 보고하느냐 면박을 줄 수 있다. 그럴 땐 "00건으로 지시하신 사항에 대하여 보고 드리려고 합니다. 5분 정도 시간이 되시는지요?"라고 정확하게 시간을 짚어서 말하도록 하자. 그러면 상사는 자신의 스케줄을 생각해서 가부를 말할 것이다. 만약 상사의 스케줄이 안 된다고 하면 "네, 알겠습니다. 다시 시간 내서 보고하겠습니다."라고 말하면 된다. 그러면 상사의 머릿속에 기억될 것이다.

오후 업무가 끝날 무렵에 지시한 내용에 대해서는 저녁에 초안을 작성해서 다음날 상사가 출근하면 직접 보고하는 것이 좋다.

아침 보고는 첫째, 조용하게 보고 할 수 있는 최적의 환경이다. 또한 머리가 맑아 집중력이 좋아 좋은 아이디어도 나올 수 있기 때문이다. 둘째, 중간보고를 함으로써 100퍼센트 완료가 되지 않았어도 방향을 재설정해 줄 수도 있고, 괜찮으면 추진하라는 등 결과물의 완성도가 높아질 수 있다. 마지막으로 전날 지시를 했는데 다음 날 아침 부하 직원이 보고를 하게 되면 상사의 입장에서는 직원에 대한 신뢰도가 높아진다. 중간보고의 과정은 직장생활에 있어 반드시 필요하다. 중간보고를 잘할수록 상사에게 사랑받는다는 중요한 팁을 꼭 챙기기 바란다.

근무를 오래 할수록 느낀 것은 직급이 올라갈수록 책임지는 일이 커진다는 것이다. 담당은 자신의 일만 잘해도 성과가 나고, 팀장은 팀원들을 잘 챙기고 팀의 일만 잘 챙겨도 성과가 난다. 그러나 부서장은 담당 업무부터 각 팀의 업무까지 다 알아야 한다. 가끔 담당보다도 업무를 잘 아는 부서장을 보면 존경스럽다.

일을 하다 보면 상사와 의견 일치를 보기란 결코 쉽지 않다. 상사는 더 윗분의 의중을 헤아려 일을 하려 하고 부하 직원은 자기 나름대로 참신한 아이디어라 생각한다. 그러다 간혹 언성이 높아질 수 있다. 그러나 부하 직원은 상사와 절대 논쟁을 벌여서는 안 된다. 아무리 자신과 맞지 않는 의견이라 할지라도 상사를 존중해주고 한 발짝 물러나서 생각을 해야 한다. 처음엔 일가지고 시작했다가 나중엔 감정 대립으로 번지는 경우를 너무 많이 봤다.

발 없는 말이 천 리 간다고 그렇게 대립하다 보면 전 직원에게 소문나고 결국 자신만 상처받게 된다. 가끔 많은 직원들 있는 곳에서 어떤 한 직원에게 면박주고 소리 지르는 상사가 있다. 듣고 있는 직원들이 마음속으로 그 상사를 존경할 수 있을까? 절대 아니다. 허나 억울해진 직원이 대놓고 그 자리에서 자신의 주장을 펴는 것도 주변 사람들에게 안 좋게 비쳐져 나중엔 같이 도매금으로 넘어가게 된다. 그런저런 이유로 직장 생활은 참으로 녹록지 않다.

모든 직원들이 싫어하는 상사라도 장점이 있다. 그 자리에 오른 것은 그만큼의 무엇인가가 있었기 때문이다. 대부분의 사람들은 자신의 성격을 안다. 그러나 알면서도 고치기가 힘들다는 것도 안다. '버럭'하는 상사도 부하 직원이 보기에는 그렇지 않은 것 같지만 버럭 해놓고는 후회하면서 직원 눈치를 보게 된다. 그럴 때 직원이 면전에서 언쟁을 하게 되면 자존심이 상하게 되고 감정적으로 치닫게 된다. 서로 등을 돌리게 되고 근무하는 내내 편치 않다.

그럴 때는 술자리나 간단한 회식자리에서 "저희들한테 말씀을 좀 과격하게 하시는 것 같아 서운했습니다. 부족하더라도 잘 좀 봐주십시오."라는 식으로 부드러운 어투로 솔직하게 이야기하면 상사도 "그때는 내가 좀 심했던 것 같다"고 하면서 감정 풀 시간을 가질 수 있게 될 것이다. 그러면서 서로를 좀 더 이해하게 되는 계기가 된다.

도쓰카 다카마시〔戸塚隆将〕의 《전 세계 앨리트들은 왜 기본을 중시하는가》에서 다음과 같은 말을 한다.

"조직의 리더로 승진하려면 승진하기 전에 리더가 갖춰야 할 능력을 미리 드러내 보여야 한다. 예를 들어 부장으로 승진하려면 과장 시절에 부장의 능력을 증명해야 하는 식이다. 왜 이런 과정이 필요할까?

조직에서 조직원을 승진시켰다면 그에 걸맞은 더 큰 책임을 요구한다. 만약 그 조직원이 해당 직급에 필요한 능력을 제대로 발휘하지 못한다면 리스크가 발생하고, 직급이 높을수록 발생하는 리스크도 커진다. 따라서 조직은 이러한 리스크를 최소화하고 검증된 인재를 승진시키기 위해 사전에 치밀한 조사 과정을 거친다.

리더십이란 단순히 직책에서 오는 힘이 아니다. 실제 비즈니스 장에서 영향력을 발휘하는 지도력이자 통솔력이다. 한마디로 부장이 된다고 해서 그에 걸맞은 리더십이 생기는 게 아니라 이미 리더십을 가졌기 때문에 부장이라는 자리에 올라 팀과 조직을 이끄는 것이다.

골드만 삭스나 맥킨지에서는 공식적으로 승진이 결정되기 전에 승진후의 직책을 수행할 수 있는 능력을 증명해야 한다. 투자은행이면 매니징 디렉터, 컨설팅 업체면 파트너라는 조직의 리더가 되기 위해서는 최소한 과거 1년 동안 그에 상응하는 성과가 있었음을 일상적인 업무에서 증명할 필요가 있다."

한 단계 위를 의식하면 자신이 성취하고자 하는 목표에 최대한 빠르게 도달할 수 있고 이로 인해 자신의 성장 속도가 빨라지는 등 다양한 장점이 있다고 말한다.

유리천장

'유리천장glass ceiling'이라는 용어가 있다. 1979년 미국의 경제지 월스트리트저널이 여성들이 기업 내에서 고위직으로 진출하기가 어렵다는 기사에 처음 사용되었다. 최근에는 여성뿐 아니라 소수민족에 대한 편견과 차별의 의미로 확대 사용되고 있는 용어이다. 여성 직장인들의 승진의 최고 상한선을 다룬 말인데 위를 보면 끝없이 올라갈 수 있을 것처럼 투명해 보이지만 어느 정도 선에서 더 이상 높은 곳으로 올라갈 수 없도록 투명한 장벽이 존재하는 현실을 빗댄 표현이다. 겉보기에 남녀평등이 실현된 것으로 보이지만 실제는 전혀 그렇지 않은 현실을 비유하기 위해 사용하고 있다.

우리나라의 경우는 미국·영국·독일 등의 선진국에 비해 유리천장의 정도가 매우 심한 편이다. 한국노동연구원 조사에 따르면 국내 기업체 임원급 중 여성의 비율은 1.9퍼센트 수준으로 나타나, 기업에서 유리천장을 뚫기가 얼마나 어려운지를 실감할 수 있다.

우리나라에서 몇 손가락 안에 꼽히는 여성 리더들은 공통적으로 유리천장을 뚫고 여성리더로 우뚝 서기 위해서 다음과 같이 조언한다.

첫째, 육아 문제를 두려워 말라

둘째, 원칙에 따라 '정면 돌파'하라

셋째, 감성적 능력과 친밀한 커뮤니케이션 능력을 최대한 활용하라

넷째, 자신의 위치를 지킬 수 있는 전문성을 갖추라

2013년 12월 OECD가 발표한 '고용에서의 양성평등(Closing the Gender Gap : Act Now)' 보고서에서는 한국 여성의 경제활동 참가율이 20년 전과 비슷한 55퍼센트 수준으로 OECD 평균 65퍼센트와 큰 격차를 보이며 최하위권을 차지했다. 남녀 간의 임금 격차는 39퍼센트로서 OECD 국가 중 가장 크게 나타났다. 남성이 화를 내면 자기 주관이 뚜렷하고 뭔가 성과를 이룰 것이라고 생각하지만 여성이 화를 내면 신경질적이고 예민하다고 한다. 이렇듯 아직까지도 우리 사회에서는 여성의 자리가 좁다.

《핑크 리더십》의 저자 매리 케이 애쉬Mary Kay Ash는 아이를 키우면서도 세일즈에 탁월한 실적을 올렸는데 매번 남성들에게 영광을 빼앗기고 승진도 제대로 되지 않았다. 그러나 그런 상황을 원망하지 않고 여성들이 일하기 좋은 직장, 아이를 낳아 키우면서도 마음 편하게 다닐 수 있는 직장, 능력과 실적에 따라 실력을 인정받는 직장을 만들어야겠다는 각오로 '꿈의 회사'를 차렸다.

그 회사는 골든 룰, 즉 조화와 상생을 강조하는 독특한 리더십으로 미국 최대의 화장품 회사 메리케이로 키웠다.

우리 인생은 불공평하다. 우리는 대한민국에서 태어나서 살고 있다. 그러나 누구는 기아에 허덕이는 아프리카 어느 나라에서 태어난다. 또 누구는 복지 혜택을 맘껏 누리는 스위스나 세계 최강의 나라인 미국에서 태어난다. 비단 나라뿐이겠는가? 우리나라에서도 누구는 재벌 2세, 누구는 부모에게 버려져 자라는 이도 있다. 누구는 공부도 잘해 얼굴도 예쁘지만 또 누군가는 볼품없는 외모에 공부까지 못하는 사람도 있다. 또 성별은 어떤가? 내가 여성으로 태어나고 싶어서 태어난 것이 아니다.

이렇듯 우린 태어나면서부터 수없이 많은 불공평 속에서 살아가야 한다. 그렇다고 이런 현실을 원망하면서 살 수는 없다. 차별에 순응하라는 말은 아니다. 바꿀 수 없는 부분에 대해 아우성치기보다 이 불공평한 조건 속에서 자신을 발전시키자는 것이다. 그 속에서 느끼는 달콤한 열매, 그것이 진정한 인생이 아닐까?

직장 밖으로
사고 폭을 넓혀보자

그대 자신을 인도하는 빛이 되어라.
자신에 대한 신뢰를 잃지 마라.
자기 자신의 빛을 높이 걸고,
결코 그 밖에서 피난처를 찾지 않도록 하라.

· 붓다 ·

고등학교도 작은 사회지만 대학생부터는 사회생활의 범주에 들어간다. 또한 직장에 입사하면 삶의 중심이 직장으로 바뀌게 된다. 잠자는 시간 외엔 하루의 대부분의 시간을 직장에서 보내게 된다. 점심도 직장 동료들과 먹고, 저녁도 야근이다 회식이다 대부분 직장 동료들과 함께한다.

자신의 물리적, 심리적 공간이 직장을 중심으로 돌아가면서 삶이나 생활이 어느 순간 직장인으로 바뀌면서 사고의 유연성이 떨어지게 된다. 그래서 많은 이들이 직장 밖의 사람들, 일과 관계없는 사람들을 만나는 것을 권유한다. 똑같은 틀에서 근무하는 사람들의 아이디어보다 직장 밖의 사람들과 대화를 나누다 보면 의외의 성과를 얻을 수 있다.

직장 밖의 사람들을 만나라

자신과 업무가 전혀 다른 사람, 연령대나 가치관 등이 다른 이들, 동종 업계가 아닌 사람들과 이야기를 나누면 일단 대화가 신선하다. 이런 사람들과의 만남에서 의외의 인연으로 발전될 수도 있고 이제껏 자신만의 시선으로 바라봤던 문제가 전혀 다른 시각으로 보이는 것도 발견할 수 있다.

얼마 전 시골 중학교 동창 두 명과 함께 점심식사를 했다. 동창 중에서 나름 잘 나가는 친구들이었다. 한 명은 H대 공대를 나와 우리나라 굴지의 대기업의 엔지니어로 근무한다. 최근 본사 건물이 완공되어 내 근무처 가까운 곳으로 5천 명 정도의 직원이 입주했다. 또 한 친구는 ○○은행의 기업 본부로 발령이 나서 그 친구 역시 내 근무처 가까이 오게 되었다. 점심을 먹으면서 자신의 하는 일을 이야기하는데 공직자인 나와는 사뭇 다른 그들의 이야기가 흥미로웠다.

한 친구는 플랜트 엔지니어로 플랜트 설계와 시공을 직접 하는 우수한 인재다. 대부분 개발도상국 등 해외로 진출하여 정유 공장 등을 세운다. 개도국들의 산업화가 진행될수록 플랜트 수요는 급증할 것이므로 가격 경쟁력과 우수한 인력이 많은 국내 플랜트 업체들은 많은 기회를 잡고 있다고 했다. 다른 한 명의 친구는 각 은행의 지점을 관리 감독하는 업무를 맡고 있다. 각 지점의 1년 재무 목표를 정해주고 그 목표를 달성할 수 있도록 코칭하면서 관리하는 업무다. 나 역시 내가 맡은 업무를 이야기를 해주었다. 그러면서 "친구들아! 이제 우리도 자신의 이익을 떠나 사회에 선한 영향력을 끼칠 수 있도록 자신이 있는 곳에서 최선을 다해 근무하자."라는 말도 덧붙였다. 한 친구가 내게 서기관까지 승진하란 말이 오랜 여운으로 남았다.

나는 여태 근무해오면서 "이 직장이 천직이다."라고 생각하면서 근무하고 있다. 그러나 후배들에게는 그렇게 권하고 싶지 않다. 그렇다고 대충 근무하라는 말은 절대 아니다. 내 직장에 자부심을 가지고 건강한 직업윤리를 가지며 근무해야 한다. 그러나 하루 종일 직장에 매어 있는데 퇴근 후의 시간까지 직장에 헌납하지 않기를 바란다는 것이다. 다양한 삶을 경험해보고 또 자신의 직장과 다르게 업무를 보는 사람들과 교류하면서 같이 호흡하고 이야기를 나누기를 권한다. 내가 신입 시절에 이런 이야기를 많이 듣고, 멘토가 있었다면 나는 지금보다 좀 더 다른 인생을 살았을지 모른다. 아쉽게도 내 신입 때는 그런 멘토가 없었다. 오직 이 길만이 해답인 줄 알고 근무했다. 아마 나 같은 사람 때문에 정년퇴직 후 사업을 했을 때 망하는 직업 1순위가 공무원이란 우스갯소리가 나온 게 아닐까?

가끔 결혼식장이나 상갓집에 가보면 주변에 온통 직원들뿐인 사람이 있다. 편중된 인간관계를 보여주는 단적인 예다. K는 유능한 직원으로 직장에 충성하는 사람이다. 항상 야근을 하고 동료 직원도 잘 챙기는 사람이다. 회사 밖의 생활은 생각할 수조차 없이 온통 회사에만 매달리며 성실하게 일해 온 사람이다. 집은 잠만 자고 나오는 하숙집이라고 본인 스스로가 말할 정도다. 어느 날 K의 어머니가 돌아가셨다. 장례식장에는 직장동료들뿐이었다. 회사 밖이나 친구들은 거의 없었다. K의 마음은 어땠을까? 회사에 충성하느라 친구들도 멀리하고 친인척도 거의 만나지 않고 회사만을 위해서 살았다. 직장은 내 존재의 가치에 대한 갈증을 해소해 주지 않는다. 물론 성과를 내고 다른 동료들에게 인정받는 것은 기분 좋은 일이다. 다음 일을 하기 위한 원동력도 된다. 그러나 직장만이 나에게 진정으로 의미 있는 일인가를 생각해 봐야 한다.

회사 입장에서는 회사에만 올인 해주기를 바란다. 퇴근 후 시간까지 직장 일만 생각해 주기를 바란다. 그러나 많은 사람들이 십 년, 이십 년 직장에 충실하게 있다가 하루아침에 권고사직 당한다. 권고사직은 아니더라도 평생 몸 바쳐 직장에 충성하고 퇴직하면 남은 것은 무엇일까? 퇴직하고 "난 직장에 평생 몸 바쳐 일했어."라고 다른 사람들한테 말한들 무슨 소용이 있을까? 신입사원 시절부터 내 인생의 플랜을 짜지 않으면 어느 날 상황이 어떻게 바뀔지 모르는 일이다.

밖의 사람들과 소통하기 위해 적극적으로 노력하라

자신만의 색깔을 가지고 살아가길 바란다. 우물 안에서 바라보는 하늘이 전부인 것처럼 살지 말고 우물 밖으로 나와 하늘을 바라보자. 얼마나 넓고 푸른 하늘이 있는지 가슴으로 느끼기 바란다. 아마도 유연한 사고로 많은 사람들을 만나게 되면 오히려 애사심과 동료애가 더 크게 생길 것이다. 취미나 동호회 활동으로 만나는 사람들과 함께하면 이해관계가 없다. 메마른 일상에 달콤한 휴식처럼 편안하다. 때론 꿈 친구로서 동기부여도 확실하다.

내가 아는 P는 자전거 동호회에 가입했다. IT계열의 회사에 다닌 지라 어떤 프로젝트 하나 떨어지면 밤샘 근무도 하고 다소 열악한 환경에서 근무를 하고 있었다. 자신의 스트레스를 해소하고자 동호회를 찾다 자전거 동호회에 가입하여 활동을 했다. 온라인 카페에서 활동을 하면서 정기적으로 자전거 트레킹에 합류하면서 인간관계를 형성해 나갔다. 거기에서 활동하면서 여자 친구를 만나게 되었고 결혼까지 이르게 되었다. 같은 취미라 대화도 잘 되었을 뿐만 아니라 감정 공유가 되니 소통에 어려움이 없다. 둘을 보면 외모까지 닮았다.

이렇듯 회사 밖의 사람들과 소통하기 위해서는 자신의 적극적인 노력이 필요하다. '하루 종일 일하고 귀찮은데, 뭘!', '오늘 부장한테 깨졌는데 동료들과 뒷담화나 해야지.' 이런 생각으로 퇴근 후 술 한 잔이 두잔 되고, 두 잔이 석 잔 되다가 자정이 넘어 퇴근해 다음날 지각하는 그런 직원은 되지 말자. 아무리 바빠도 정기적으로 시간을 확보하자. 가령, 토요일은 자기계발데이로 정하는 것이다. 그렇지 않으면 꼭 다른 일이 생기고 바쁘다는 핑계로 차일피일 미루게 된다. 정신없이 보내다 보면 몇 개월은 훌쩍 지나버린다. 최소 한 달에 한 번은 내 업무와 무관한 사람들을 만나보자.

나 역시도 새로운 모임에 가면 낯을 가리는 성격이다. 친해지면 무척 편해지는데 그러기까지 내 스스로가 어렵다. 처음엔 지인의 소개로 나가는 것도 좋고, 자신이 쳐놓은 막을 내려놓을 필요도 있다. 있는 그대로의 모습을 보여주면서 대화를 시도하면 의외의 성과가 있다. 처음 만났는데 왠지 느낌이 좋은 사람이 있다. 그런 사람은 일부러라도 소통하면서 좋은 관계를 유지하도록 한다.

사람은 어떤 인연으로 어떻게 만날지 모른다. 나에게도 그런 만남이 있었다. 동료의 소개로 차를 구입했다. 몇 개월 지나지 않아 택시가 뒤에서 부딪혀 차 뒤 트렁크 부분이 슬쩍 긁힌 일이 있었다. 차를 매매한 사람을 통해 차 수리를 하게 되었는데 수리하신 젊은 사장님은 참으로 친절하였고 내가 신경 쓰지 않도록 수리 후 집 앞까지 차를 운전해 주었다. 일 년이 지나고 까마득히 잊어버리고 있었다. 그러다 발령이 났는데 내가 맡은 업무의 회원으로서 그 사장님을 다시 만나게 되었다.

직장 밖의 사람들과 건설적인 만남을 가져보자. 생각 외로 유쾌한 사람들을 만날 수가 있다.

다양한 인간관계로 삶의 활력소를 찾고 아울러 타인에 대한 균형적인 태도도 기를 수 있을 것이다.

진 정 성 의 힘 은 무 엇 보 다 강 하 다

_4장_

품격은
내
스스로
만든다

178·
242

사소한 차이가
비교우위를 낳는다

반드시 성공하고 말겠다고 결심하는 것이
다른 무엇보다도 훨씬 중요한 것임을 항상 명심하라.
· 링컨 ·

나비효과는 나비의 날갯짓처럼 작은 변화가 폭풍우와 같은 엄청난 결과를 초래하는 현상을 말한다. 이를테면 오늘 서울에서 공기를 살랑이게 한 나비의 날갯짓이 다음 달 북경에서 폭풍우를 몰아치게 할 수 있다는 것이다.

이와 관련된 서양 우화가 있다. 한 대장장이가 실수로 못을 잃어버렸다. 그 순간 전쟁이 일어났고 대장장이는 기마병의 말굽에 잃어버린 못 하나를 박지 못했다. 전쟁에 나선 기마병은 쇠 말굽 하나가 없어 삐걱거리다 상처를 입는 바람에 낙마하고 말았다. 이 기마병의 갑작스러운 낙마로 인해 전략에 차질이 생겼다. 한순간에 전세가 기울어져 결국 그 나라는 전쟁에서 지고 말았다. 말굽 하나는 사소한 것에 지나지 않는다. 그러나 그 사소한 것이 나라의 흥망을 가르는 결과를 낳았다. 우리는 살아가면서 작고 사소하지만 중요한 것들이 많다는 것을 깨닫게 된다. 천 리 길도 한 걸음부터 시작하고, 작은 시냇물이 모여 강이 되고 바다로 흘러간다.

작은 것부터 천천히, 그러나 제대로

사소한 것이 큰 차이를 만드는 것으로 미켈란젤로의 일화가 적절할 듯하다. 미켈란젤로를 방문한 친구가 그가 작업한 조각상을 바라보며 감탄해 마지않았다. 며칠 후 그 친구가 다시 찾아왔는데 미켈란젤로는 여전히 그 조각상을 놓고 뭔가 다듬고 있었다. 친구는 미켈란젤로가 어떤 작업을 하고 있는 것은 알았지만 자신이 보기엔 별로 중요치 않은 사소한 것으로 보였다. 미켈란젤로에게 "아니, 자네는 뭘 그리 여태 다듬고 있는 건가? 내가 보기엔 며칠 전과 똑같은데 말일세." 그러자 미켈란젤로는 이렇게 말했다.

"사소한 것이 완전하게 해주고 완전한 것은 결코 사소한 것이 아니라네."

그는 사소한 것을 결코 소홀히 하지 않았다. 시스티나 성당의 천지창조나 성모마리아가 예수를 안고 있는 피에타상 등 수많은 사람들의 마음을 울린 위대한 예술 작품이 그 점을 방증한다. 그는 사소함에서 시작해 완전함을 만들었다.

내 근무처 슬로건 중의 하나는 '작은 것부터 천천히, 그러나 제대로'다. 작은 것부터 천천히 한다는 것은 쉬운 것 같지만 결코 쉬운 일은 아니다. 그렇다고 불가능한 것도 아니다. 나는 이 문장의 해석을 서두르지 말고 더 나은 결과물을 얻기 위해 주어진 일에 최선을 다하자는 의미로 받아들였다. 처음부터 일을 제대로 해야 두 번 세 번 반복하는 일이 없다. 다시 말해 어떤 업무가 주어지면 명확한 업무 기준을 갖고 일 처리를 해야 한다는 것이다.

큰 성과를 내기 위해서는 작은 일 하나도 허투루 해서는 안 된다. 무슨 일이든지 작은 일이 모여 큰일이 되고, 그것이 바로 좋은 성과로 이어진다.

공자는 "산을 움직이려 하는 이는 작은 돌을 들어내는 일로 시작한다"고 했다. 사소함이 결코 사소하지 않고 작은 일이지만 결코 작은 일이 아니라는 말이다.

신입사원이 입사하면 선배들은 간단한 서류정리나 자료준비 등을 시킨다. 그런데 그런 것을 시켜보면 후배의 성격이나 일하는 스타일을 금방 알 수 있다. 자료를 작성해서 보고를 해야 할 때는 맞춤법이 맞는지, 띄어쓰기가 갖추어져 있는지, 보고서의 글자 크기나 간격은 적당한지, 제목과 내용이 어우러져 있는지를 봐야 한다. 아무리 내용이 훌륭하고 알차더라도 보고서의 틀이 갖춰져 있지 않으면 훌륭한 내용이 반감된다. 공직생활을 하면서 느낀 것은 보고서의 품이나 틀이 무척 중요하다는 것이다. '속이 중요하지 겉이 중요한가?'라고 반문할지 모르겠지만 표면이 깔끔하게 잘 된 보고서는 내용도 대부분 알차다. 내가 만약 상사였을 때 부하 직원의 보고 내용은 좋은데 형식이 제대로 갖춰지지 않았다고 생각해보자. 그리 유쾌하지 않을 것이다.

　결혼식은 여러 사람들 앞에서 공식적으로 한이불 덮고 살겠다고 선포하는 것이다. 결혼식을 올리는 것과 올리지 않고 사는 것은 우리 사회 통념상 큰 차이가 있다. 결혼식이라는 형식적인 절차를 통해 비로소 온전한 가정을 이루게 되는 것이다. 형식이 갖춰지면서 내용이 완벽해진다. 건축설계를 하는 직원이라면 선하나 긋는 것에 온 힘을 다해야 한다. 회계 관련 업무를 보는 직원이라면 1원이라도 놓쳐서는 안 된다. 홍보업무를 하는 직원은 문구 하나, 조사 하나에도 신경을 써야 한다. 홍보 부서에서 뿌린 보도 자료의 내용이 곧 회사의 얼굴이기 때문이다.

　이렇게 말하고는 있지만 나 역시도 성격이 무척 덜렁대서 놓치는 부분도 있다. 굳어져 버린 성격 때문인지 덜렁대는 성격을 고치기가 여간 힘들지 않다. 그래서 메모를 습관화하고 공문이 접수되면 출력해서 줄을 그으며 읽는다. 또한 꼼꼼한 상사를 모시면 어느 면에서 어떤 식으로 꼼꼼한지 열심히 배우려고 노력한다. 내가 만든 보고서 한 장을 회사 전 직원이 본다고 생각해보자. 여성들이 화장을 하는 것은 자기만족도 있겠지만 다른 사람에게 예쁘게 보이기 위함도 있다. 이렇듯 보고서 한 장 작성하는데도 전 직원이 본다는 생각을 한다면 사소한 부분도 결코 사소하지 않다는 것을 느낄 것이다.

세심함이 대사를 놓치지 않는 비결

중국의 정치인 저우언라이(周恩來)는 작은 일에 최선을 다해야 큰일을 할 수 있다고 말했다고 한다. 그 일화에서 배운다. 외빈 초대가 있는 어느 날 그는 주방에 들렀다.

"이보게, 나 국수 한 그릇 말아주게."

"이제 곧 식사시간인데 국수를 드시면 밥맛이 떨어지지 않겠습니까?"

"귀한 손님을 모시는데 내가 배고프다고 먹는 데만 신경 쓰면 어떡하겠는가? 미리 요기를 해두고 손님을 잘 챙기려는 것일세."

그를 두고 훗날의 닉슨 대통령은 "저우언라이는 아무리 큰일도 작은 일부터 시작해야 한다는 격언을 몸소 실천한 사람이었다. 그는 나무 한 그루를 직접 가꾸면서도 숲을 전체적으로 조망할 줄 알았다."고 평가했다.

저우언라이는 20세기 중국의 정치가로서 마오쩌둥(毛澤東)을 보좌하며 40여 년 동안 중국 및 중국공산당의 2인자로 중국 근현대사의 모든 장면에서 중요한 역할을 수행하면서도 한 번도 실각하거나 숙청당한 일이 없었던 경이로운 인물이다. 마치 중국 한나라의 유방劉邦을 보좌하여 상국이 되었던 소하蕭何에 비견될 만하다. 그의 완벽한 정치인생은 앞의 일화처럼 사소함마저 놓치지 않는 세심함에서 비롯되었던 것이다.

얼마 전 중소기업 회장이신 친척이 자동차를 구매한다고 차종을 알려주면서 나와 남편에게 자동차 매장에 들러 차량 좀 상담해 달라는 부탁을 하셨다. 외제 차 매장에는 가보지를 않아 나름 기대를 안고 집을 나섰다. 판매 직원은 매장에 들어서는 우리 부부의 모습을 힐끗 보고 인사 한번 하더니 하던 일을 계속했다. 특별히 친절한 것도 불친절한 것도 아니었지만 적어도 우리 부부에게 다가와서 어떤 차를 원하는지 묻고 그 차에 대해 설명을 해줘야 하는 것이 아니었을까? 요즘은 동네 구멍가게도 친절하다는 나의 생각이 무색할 정도였다. 나는 그 직원이 눈코 뜰 새 없이 바쁜 당면업무가 있어 그렇게 대한 것으로 여겼다. 남편은 매장을 나오면서 하는 말이 우리 부부가 외제 차를 구매할 사람으로 보이지 않은 것 같다고 했다. 당시 우리의 옷차림은 집에서 입는 후줄근한 복장이었기 때문이다.

남편과 일주일 후 같은 매장을 찾았다. 그때는 깔끔한 정장을 입고 굽 높은 구두에 화장을 하고 찾았다. 깜짝 놀랐다. 일주일 전에 받았던 것과는 달리 융숭한 대접을 받으며 구경을 한 것이다. 무관심했던 그 직원은 마치 자기 간이라도 내놓을 듯한 행동으로 우리에게 친절하게 행동했다. 잠시 어리둥절했지만 꼭 그 직원만을 탓할 것은 아니라는 생각이 들었다. 내가 좀 더 깔끔하고 품격 있게 하고 찾았더라면 그 직원은 최선을 다해 설명했을 것이다. 그런데 그동안의 경험으로 비추어 옷차림을 보니 구매 고객같지 않아 자신도 모르게 소홀한 응대가 되지 않았을까 생각했다. 하지만 그리 보였을지라도 우리에게 '당신들은 최고의 고객입니다.'라는 눈빛만 줬어도 그 차량을 샀을 텐데 결국 우리는 다른 매장에서 구매했다.

진정성이 담겨있는 말에는 힘이 있다

늘 기쁨 가운데 있는 것이 나의 가장 큰 희망이다.
나는 그 희망을 이루지 못할지도 모르지만,
적어도 그것을 바라보고 느낄 수는 있다.
희망을 믿고 희망을 따라가려고 노력하라.

·루이사 메이 롤컷·

우리는 아침에 눈 뜨면서부터 잠잘 때까지 참 많은 말들을 한다. 하지만 그 많은 말들 중에서 우리 미래와 앞으로의 삶 내지는 꿈과 비전에 대한 이야기는 얼마나 할까? 나 역시도 아침에 눈뜨면서부터 '빨리 일어나자'부터 시작해 늘 바쁘게 하루를 시작하는 것에 대해 가끔 반성도 하고 좀 더 여유를 가지려고 노력한다. '말'이란 단어가 나왔으니 말의 위력이 얼마나 큰지 보자.

전쟁을 중지시킨 사나이

'코트디부아르'란 나라를 들어보았을 것이다. 그 나라는 서부 아프리카 대서양 연안에 있는 나라로 정식국명은 코트디부아르 공화국이다. 동쪽으로는 가나, 서쪽으로는 라이베리아, 서북쪽으로는 기니, 북쪽에는 말리, 부르키나파소와 인접해 있다.

코트디부아르의 영어 명칭은 '아이보리코스트'다. 유럽 식민주의자들이 이곳에서 상아를 산출한 것 때문에 '상아해안'이라고도 불린 데서 비롯되었다.

2012년 기준 코트디부아르 인구는 약 2,200만 명인 그리 크지 않는 나라다.(그래도 남한보다는 3배가량 크다. 노르웨이 정도 면적이다.) 약 20퍼센트정도만 경작이 가능하고 나머지 80퍼센트는 산림 지역이다. 출산율이 높음에도 불구하고 사망률 역시 높아 기대수명이 고작 49세다. 우리나라와는 1961년에 수교를 맺었고, 우리 교민은 약 170명 정도 살고 있다.

우리가 즐겨 먹는 카카오의 최대 생산지로도 유명하다. 전 세계 수요의 40퍼센트를 생산하는 코코아 생산국 3위이자 최대 수출국이다. 그런데 북쪽과 남쪽 간 갈등이 생겼다. 남부 기독교 세력 중심인 정부가 국가의 주요 산물인 코코아 수출의 이득을 갈취하고 있다면서 북부 반군이 내전을 일으킨 것이다. 내전의 명분은 코코아였지만 실제로는 남부의 기득권 세력이 북부 사람들에게 정치활동의 자유를 박탈했던 것이 원인이었다. 5년간의 내전으로 70만 명 이상의 난민이 생겼고 그 피해도 엄청났다. 2002년 9월 정부군이 남부를 장악하고 반군이 북부를 장악하여 내전 난민 1천여 명이 발생하기에 이른다.

코트디부아르는 1960년 독립되기 전까지 프랑스 식민지였다. 독립이 되었지만 내전으로 인해 국민들의 고생이 이만저만 많은 것이 아니었는데 한 축구 선수의 호소문으로 내전이 종식된 세계적인 사건이 발생한다.

축구를 좋아하는 사람이라면 '디디에 드록바Didier Drogba' 란 축구 선수를 알 것이다. 잉글랜드리그 첼시구단의 간판 스트라이커로 221경기 100골을 넣은 괴물 같은 선수 말이다. 강한 피지컬에 흑인 특유의 유연성도 갖추고 있는 데다 헤딩도 최상급이며 프리킥도 잘 찬다. 게다가 연계 플레이 또한 수준급이다. 모 사이트 해외 축구 갤러리에서 특이한 이름 때문에 유명해졌는데 플레이 장면을 보니 실력도 뛰어나서 드록바에서 드록신으로 불리게 된다. 더군다나 2014년 브라질 월드컵 일본전에서 지고 있던 게임을 후반전에 교체로 나와 5분 만에 시합을 뒤집어 '드록신'임을 다시 한 번 입증해 보이기도 했다.

어쨌든 2006년 코트디부아르는 그렇게도 시끄럽던 내전 속에서 독일 월드컵 사상 최초로 본선진출에 성공하게 되는데 그 최전방에 '드록바'가 있었다. 당시 드록바는 대표 팀 주장이었는데 10년간의 전쟁으로 피폐해져 있는 국민을 대신해 코트디부아르에 호소하는 글을 쓰고 인터뷰를 하게 된다.

"여러분, 우리 적어도 일주일 동안만이라도 무기를 내려놓고 전쟁을 멈춥시다."

드록바의 진정성과 호소력 있는 말 한마디가 유례없는 한 달간의 휴전을 이끌어내는데 결정적인 계기가 되었다. 2007년에는 정부와 반군 사이에 평화협정을 체결하고 5년간 끌어오던 내전이 종료된다. 그는 "그동안 수

많은 트로피를 받았지만 전쟁을 멈추고 평화를 가져다준 순간이야말로 내게는 가장 영광스러운 트로피다.”라는 말로 그 감동을 대신했다.

축구선수의 진정어린 한마디 말이 전쟁을 멈추게 했다. 드록바 선수가 그냥 축구만 열심히 했다면 어땠을까? 하지만 드록바는 자신의 나라를 진정으로 사랑했다. 고국에 누구보다 많은 기부를 했다. 드록바 선수의 진정성 있는 한마디 말로 코트디부아르란 나라를 전 세계인들에게 각인시킨 것이다. 내 자신을 아끼고 사랑해야 남도 나를 귀하게 대한다. 자신의 나라를 진정으로 사랑해야 다른 나라도 함부로 대하지 않는다는 것을 보여준 좋은 예다.

내가 만나는 사람이 나의 인생이다

여러분은 우리나라에서만 일하는 세대가 아니다. 지구촌 시대에 살고 있다. 몇 년 전만 해도 휴대폰을 가지고 외국에 나가면 로밍을 해야했다. 그러나 요즘은 어떤가? 전원을 껐다가 해외 도착 후 켜기만 해도 자동 로밍이 된다. 카카오톡이나 문자 등은 국내인지 국외인지 구분이 안 될 정도로 자유롭다. 전 세계에서 일어나는 일이 실시간 중계되는 세상이다. 요즘 여러분이 열광하는 한류 문화가 전 세계를 휩쓸고 있다. 드라마 한 편 제작하는데도 우리 국민은 기본이고, 외국 수출을 겨냥해서 만드는 것이 일상화되었다. 드라마뿐만 아니라 영화, 음악, 김치, 고추장 등 한국 자체에 애정을 가지는 현상까지 이르렀다.

대중가요도 이젠 케이 팝이다. 세계인들은 한류 문화를 접하면서 우리나라에 대한 관심이 결국 관광객의 증가와도 연결되고 있다. 그 중심에 여러분이 서 있다. 그만큼 여러분은 중요한 존재다.

전 세계인을 들썩들썩하게 했던 싸이의 〈강남스타일〉 뮤직비디오가 얼마전 유튜브 조회 수 20억 뷰를 돌파했다고 한다. 이 진기록이 어디까지 갈까 궁금하다.

싸이는 이 노래로 미국 음반 시장에 진출하였고, 전 세계적으로 선풍적인 인기를 얻게 되었다. 다소 엽기적이고 귀여운 춤으로 '오빠 강남스타일'을 부르러 미국, 프랑스 등 여러 나라를 순회하며 말 춤을 선보였다. 개인적으로도 영광이었겠지만 그 노래 한 곡으로 우리나라를 세계만방에 떨친 것이다. 미국 로스앤젤레스의 5만 명 야구팬들이 운집해 있는 경기장에서 말 춤을 추어 화제가 되기도 했다. 말 한마디, 노래 한 곡이 국위 선양한 것을 우린 피부로 느낀다.

20대의 사장이 낡은 트럭 한 대를 끌고 미군 영내 청소를 하청받아 사업을 시작했다. 처음에는 운전하는 일을 맡았다. 어느 날 물건을 싣고 인천에서 서울로 돌아가는 길이었다. 그런데 한 외국 여성이 길가에 차를 세워놓고 난처한 표정으로 서 있는 모습을 보았다. 그냥 지나치려다 차를 세우고 전후 사정을 물어보니 차가 고장이 났다며 난감해했다. 그는 무려 1시간 반 동안이나 고생해서 차를 고쳐주었다. 외국 여성은 감사의 표시로 상당한 금액의 돈을 내놓았다. 그러나 그는 그 돈을 받지 않았다.

"이 정도의 친절로 돈을 받을 수는 없습니다."

그러면 주소라도 알려달라고 해서 그 외국 여성에게 주소만 알려주고 돌아왔다. 그 다음 날 그 외국 여성은 남편과 함께 찾아왔다. 그 남편은 바로 미8군 사령관이었다. 그 여성은 미8군 사령관의 아내였던 것이다. 그녀의 남편인 미8군 사령관은 그에게 직접 돈을 전달하려 했지만 그는 끝내 거절했다.

"당신을 도와줄 수 있는 방법이 무엇이오?"

"좋소! 그럼 미8군에서 나오는 폐차를 내게 주시오. 그러면 그것을 수리해서 사업을 하겠소. 폐차를 인수할 수 있는 권리를 내게 주시오."

고물로 처리하는 폐차를 주는 것은 사령관으로서는 어렵지 않은 일이었다. 그렇게 해서 만들어진 기업이 바로 한진그룹이다. 한진그룹은 이렇게 우연한 인연에서 시작되었다. 이 이야기는 조중훈 회장의 실화다.

지금 내 앞에 있는 사람은 누구인가?

내가 만나는 사람이 나의 인생이다.

말 한마디가 나라를 구하고, 한 번 베푼 친절이 상대방의 인생을 바꿔 놓는다.

왜 자꾸
지각하게 되는 걸까

위험은 자신이 무엇을 하는지 모르는 데서 온다.

· 워런 버핏 ·

한 우물만 십 년 이상 파면 장인이란 소리를 듣는다. 하물며 나는 이십 년을 근무했으니 장인 중에서 상급 장인인 셈이다. 그럼에도 항상 '내가 잘하고 있는 걸까?'라는 생각을 한다. 초심으로 돌아가 열심히 하려는 마음이지만 늘 부족하다.

그러나 가끔 나 자신이 기특하기도 하다. 이십 년 동안 한 번도 지각한 적이 없다. 근무태도는 직장인에게 있어 가장 기본적인 예의다.

문자메시지로 통보하지 마라

가끔 직원들 보면 전날 과음을 해서 출근이 늦거나 하루 휴가를 내는 직원이 있다. 물론 술자리가 즐겁고 2차, 3차 가다 보면 시간이 늦어지고 귀가 시간도 자정이 넘을 수 있다. 부득이하게 아침에 휴가를 낼 일이 생겼을 때는 문자나 카카오톡 보다는 직접 전화를 해서 이야기하는 것이 좋다. "갑자기 일이 생겨 휴가 내겠습니다."라는 문자 한 통보다 전화로 사정을 이야기하는 습관을 들이자. 이해하는 상사라면 괜찮겠지만 대부분의 상사라면 프로의식이 결여되었다고 생각하기 때문이다.

《회사어로 말하라》의 저자 김범준은 이렇게 적고 있다.

"바로 옆에 있는데도 말로 하지 않고 e-메일로 보고하는 습관도 문제다. 피치 못할 상황이라 문자 메시지나 e-메일로 보고했다면 반드시 적당한 때에 다시 음성어로 말해야 한다. 회사어의 기본형식은 문자어가 아니라 음성어다."

지각도 습관이다

봉급을 받는 직장인이라면 아무리 귀가 시간이 늦어도 아침 출근은 제대로 해야 한다. 직장은 동네 구멍가게처럼 자기 맘대로 문 열고 출근하는 곳이 아니기 때문이다. 전날 땅이 솟아 자신의 이마를 부딪칠 때까지 마시더라도 아침 일찍 출근하는 직원도 있다. 지각도 습관이다. 업무 시작 십 분 전에 출근하는 직원은 항상 그 시간이다. 어쩌면 그렇게 한 번도 예상에 빗나가지 않고 꼭 그 시간에 출근하는지 참 신기하다.

모두 출근해서 업무를 준비하고 있는데 주변 눈치 슬슬 보면서 얼굴을 누르면 술이 똑똑 떨어질 정도로 부어서 출근한다고 생각해보자. 보는 사람도 민망하지만 당사자인들 편할까? 이런 행동들이 쌓이면 그 직원은 늘 지각하는 직원으로 낙인찍힌다. 직원들의 근무 평정을 할 때 성과로 판단을 하겠지만 상당히 중요한 비중으로 작용하는 것이 바로 출퇴근 시간을 준수하는가 하는 근태관리다.

　일찍 출근하기 위해서는 자신이 정해둔 시간에 잠들어야 한다. 새벽형 인간으로 바꾸기 위해 잠을 줄이는 것이 아니라 내 취침 시간만큼 잠을 자야 하므로 일찍 잠자리에 들어야 한다. 나도 이렇게 말하지만 가장 실천하기 힘든 것 중의 하나가 잠이다. 일찍 자도 일어나는 시간은 똑같고, 늦게 자도 일어나는 시간이 똑같다. 아침 알람을 핸드폰에다 5분 간격으로 다섯 개정도 맞춰 놓는다. 알람이 울리면 누르고 다시 자기를 반복하다 마지막이 돼서야 마지못해 일어난다. 이것도 습관이다. 첫 번째 울릴 때 즉각 일어나 세수하러 가면 괜찮은데 그렇게 하기가 왜 그렇게 힘이 드는지 항상 세면대 앞에 서서 후회한다. 새벽 비상근무일 때는 제 시간에 눈도 똑똑 잘 떠지는데 내 의식을 지배하고 있는 마이너스 습관을 고치려고 노력중이다. 그럼에도 나는 빨리 출근하는 편이다. 9시에 업무 시작인데 보통 7시 30분 전후로 출근한다. 내 나름대로 목표한 바가 있어 다른 직원들보다 일찍 출근하지만 여러분은 업무 시작 최소 30분 전에는 출근하길 권한다. 9시까지 출근이면 8시 30분이 자신의 출근 시간이 되는 것이다. 모든 것은 마음먹기에 달렸다. 30분을 남들에 비해 손해 보지만 주변 사람들에게 부지런한 사람으로 생각되고 상사에게는 늦지 않는 한결같은 사람으로 인식되어 보이지 않는 신뢰를 얻게 된다. 결국 자신은 30분 일찍 출근하는 것으로 많은 이득을 얻게 되는 것이다. 9시에 딱 맞춰 준비하면 교통사정이나 예상치 못한 일들에 대처가 없어 자칫하면 늦을 수 있다. 대개 늦는 사람들은 일찍 나와봐야 월급에 포함되지 않으므로 손해라 생각하여 정확히 9시에 오려고 한다. 운이 좋으면 항상 9시에 오겠지만 생각지 못한 일로 지체되면 지각하게 되고 그런 일들이 잦아지면 게으르다는 평판이 주변 사람들에게 은연중에 생겨 보이지 않는 손해를 입을 수 있다. 경제 논리로 보더라도 30분 일찍 오는 게 더 유리하다. 근태문제는 해고사유가 될 수도 있으며 훗날 연봉협상 때 근태관리 소홀로 마이너스 요인이 된다. 9시 출근이면 9시 출근을 아예 잊고 8시 30분이 출근 시간이라고 스스로 믿게 마인드 컨트롤 해보라. 다시는 늦지 않게 될 것이다.

직장은 모두 함께 일하는 곳이다. 출퇴근이 제대로 되지 않는 직원이 어떻게 업무에서 좋은 성과를 낼 수 있을까? 직장은 돈만 벌러 다니는 곳이 아니다. 근무태도부터 인간관계까지 모두 급여의 일부라고 생각해야 한다. 근태는 직장생활에서 가장 기본이다.

학교 다닐 때 가장 귀한 상은 우등상이 아니라 개근상이었다는 것을 직장생활 하면서 느낀다.

직장 생활의
기본예절 한 번 볼까?

예는 스스로를 낮추어 남을 존경하는 것이다.
·《예기(禮記)》·

직장은 계층과 연령이 서로 다른 사람들로 구성된 조직 사회이다. 출생, 성장, 교육, 취미, 소질, 가치관이 각기 다른 이질적인 사람들이 모여, 공동의 목표 아래 서로 협력하여 조직적으로 일해 이윤을 최대로 높이는 것을 추구한다. 따라서 개개인은 조직의 목표와 규범에 맞추어 자신의 개성을 조화시키는 것을 고민해야 한다.

명함 교환하기

명함은 상대방에게 나를 기억하게 하는 매개체이다. 첫인상이 중요하듯이 명함을 교환할 때도 각별히 신경을 써야 한다. 직장생활 하면서 사소한 매너를 잘 지키면 교양과 품격이 있어 보인다. 그래서 명함을 주고받을 때의 요령을 소개하고자 한다.

- 명함은 아랫사람이 먼저 건넨 다음 윗사람의 명함을 받은 것이 순서다.
- 다른 곳에 방문했을 경우에는 방문한 사람이 먼저 건네는 것이 예의이다.
- 상대방을 향해 오른손으로 명함을 내밀고 자신의 소속과 성명을 밝힌다.
- 상대방에게 명함을 받으면 자신의 명함도 주어야 한다.
- 명함을 받으면 상대방의 이름을 확인한 후, 혹시 모르는 글자가 있으면 정중하게 물어본다.
- 가급적 명함을 받자마자 상대방의 이름을 불러주는 것이 좋다.
- 상대방은 명함을 내미는데 자신의 명함이 없으면 곤란하니 늘 10~20개 정도의 명함을 가지고 다니도록 한다.

직장 내 메신저 사용

요즘에는 사내 메신저가 있어서 같은 부서가 아닌 다른 부서의 동료들과도 온라인 소통이 자유롭다. 이쪽에서 상사가 무슨 말을 하는지 실시간으로 다른 부서에 전달될 정도로 빠르다. 그러나 상대방과 메신저 대화할 때 상대방 뒷담화는 가급적 피하는 것이 좋다. 예전에 같이 근무했던 직원이 얼굴이 벌게져서 나를 찾아온 적이 있었다. 바로 옆 직원과 사이가 껄끄러워 늘 맘에 들지 않는데 그 직원에 대한 흉을 나에게 보내려다 실수로 그만 흉보려 했던 그 직원한테 보내버린 것이다. 천만다행히 아리송한 말이어서 그냥 넘어갔다지만 얼굴이 빨개질 만했다. 또 다른 직원은 상사 흉을 다른 직원과 보다가 잠시 자리를 비웠는데 상대방은 계속 메신저를 날렸다. 우연히 지나가다 상사가 그 화면을 본 것이다. 거기엔 자신의 험담이 쭉 나와 있었으니 그 얼마나 민망한 상황이었겠는가? 메신저를 사용할 때는 요령껏 눈치껏 하도록 하자.

상사의 지시사항

상사가 부를 때는 늘 메모할 준비를 갖추고 간다. 상사도 다른 목소리, 다른 스타일이기 때문에 지시할 때는 메모를 하는 것이 좋다. 사람은 자기가 듣고 싶은 부분만 듣는 경향이 있다고 한다. 메모할 준비 없이 듣다가는 자기 자리로 돌아왔을 때 '이 부분에서 뭐라고 말씀하셨지?'라는 생각이 될 수 있다. 메모를 하되 상사가 급하게 말하거나 알아듣기 어렵게 말할 때는 '다시 한 번 말씀해주시겠습니까?'라고 솔직하게 말해야 한다. 나 역시 상사가 부르면 늘 수첩과 볼펜을 들고 간다. 그리고 상사의 이야기가 끝나면 "정리하면 이건 이렇고 저건 저렇게 하라는 말씀이시지요?"라고 확인한다. 그 과정에서 간혹 소통이 잘못되어 수정하는 경우가 생기기 때문이다. 신입사원 시절에는 반드시 유념해야 할 일이다.

옆 동료의 업무 분담

직장 동료는 가족보다 오랜 시간 함께 있다. 그러나 바로 옆자리의 동료직원과 성격이 맞지 않아 괴로움을 토로하는 직원이 의외로 많다. 바로 옆 직원과 소통이 안 되면 하루가 괴롭다. 내 옆 직원은 나보다 일곱

살이 적은 남자 직원이다. 나와는 업무 대직 관계이다. 대직 관계는 옆 직원이 출장을 가거나 휴가를 갔을 때 업무를 대신 처리해주는 관계다. 나이 차가 커서 잘 챙겨주는 편이라 다른 직원들이 업무 대직 관계가 좋다고 한마디씩 한다. 그 직원 역시 경우도 바르고 업무처리도 잘하기 때문에 서로 신뢰하고 있다. 그런데 의외로 옆 직원과 업무로 인해 스트레스 받는 직원들이 꽤 있다. 매일 보는 얼굴인데 서로 껄끄러운 관계면 근무하는 시간이 얼마나 괴롭겠는가? 한두 번만 옆 동료의 일을 기분 좋게 처리해 보자. 분명 옆 동료도 여러분의 일을 내 일처럼 해줄 것이다.

누군가를 소개할 때

사람을 소개할 때는 지위가 낮은 사람을 높은 사람에게 먼저 소개한다. 나이가 적은 사람을 연장자에게 먼저 소개한다. 지위나 연령이 같은 경우에는 자신과 친한 사람을 먼저 소개하며, 남성을 여성에게 먼저 소개한다. 예를 들어 부부가 어느 장소에서 우연히 남성의 직상 상사를 만났다. 그럴 때는 남성이 다음과 같이 소개한다.

"사장님, 제 집사람입니다."

또한 어느 공식적인 행사에서 부장이 다른 동료들과 행사를 하는 과정에서 거래처 상무를 만났다.

"상무님, 저희 부서 ○○○과장입니다. ○○○과장, 거래처 ○○○회사의 ○○○상무님이시네."

그룹에서 소개를 할 때는 새로운 사람을 우선적으로 소개한 다음 그룹 멤버들을 한 사람씩 소개한다. 그룹 멤버 중 지위가 높은 사람부터 소개하는 것이 우선이다. 소개를 할 때는 그 사람의 특징도 함께 소개를 하면 상대방이 기억하기 쉽다.

승용차를 탈 때 좌석은 어디가 상석?

직장 상사나 고객들과 함께 승용차를 이용할 경우에도 앉는 위치에 신경을 써야 한다. 자신은 별생각 없이 앉았지만 자칫 결례가 되는 경우가 있기 때문이다. 승용차의 경우 3명이 탈 때에는 운전석 뒷자리 우측이 상석, 좌측이 둘째 좌석, 운전석 옆이 말석이 된다. 4명이 탈 때에는 뒷좌석 우측, 좌측, 운전석 옆, 뒷좌석 가운데 순이다. 직접 운전을 하는 경우에는 운전석 옆자리가 상석, 뒷자리 우측이 둘째, 좌측이 그 다음 좌석이다.

상사나 선배가 손수 운전을 할 경우, 그 배우자가 동승하게 되면 운전석 옆자리가 배우자의 자리가 된다. 지프는 운전석 옆 좌석이, 버스·열차·항공기는 창문 쪽이 상석이다. 승차 시에는 윗사람이 먼저 타고 아랫사람이 나중에 타야 하며, 아랫사람은 윗사람의 승차를 도와준 후 반대편 문을 이용한다. 내릴 때는 아랫사람이 먼저 내린 후 윗사람의 하차를 도와주는 것이 예의다. 승용차는 타는 사람의 수에 따라 상석과 말석이 달라질 수 있기 때문에 머릿속으로 시뮬레이션을 해 둠으로써 실수를 막을 수 있다. 아는 것 같아도 막상 닥치면 정신없는 경우가 있기 때문이다.

업무상 메일을 보낼 때

현대인들에게 e-메일은 업무상 핵심적인 커뮤니케이션 수단이다. 직장인들이 e-메일 작성과 관련해서 소요되는 시간이 하루 평균 50분이라는 조사 결과도 있다. e-메일을 보낼 때도 사소한 것이지만 최소한의 예의를 갖추는 것이 바람직하다. 자신의 감정을 표현할 때 유용한 이모티콘은 요즘 카카오톡이나 메신저, e-이메일 등에서 자주 이용된다. 그러나 업무상 관련 메일은 너무 가볍지 않게 품격을 지키는 것이 좋다. 이런 면에서는 나도 자유롭지 못하다. 문자나 메신저 사용 시 최대한 짧게 표현하는데 익숙해져 버렸기 때문이다. 여러 가지 감정 표현으로 ㅠㅠ, ^^;;, ㅇㅇ, ㅇㅋ 등의 표현은 일상화되어 버렸다. 가끔은 쌍시옷 쓰는 것도 귀찮아 '있다'를 '잇다'로 쓴 적도 많다. 그러다 보니 맞춤법이 틀려도 알아서 해석하고 엉성한 문장도 그러려니 하게 되는 것이다.

그러나 이런 사소한 것들이 습관화되면 불감증이 생겨 버린다. 정작 중요한 업무상 메일도 그런 식으로 쓰게 되는 경우가 있다. 이는 반드시 유념하고 고쳐야 할 부분이다.

중요한 업무상 메일은 보내기 전에 다시 한 번 확인하고, 단체 메일을 보낼 때는 꼭 개별 발송으로 체크해서 보내야 하는지의 여부를 잘 판단해서 보내도록 한다. 중요한 메일일 경우 수신 확인을 거쳐 확인한다. 또한 자신의 이름, 연락처 등을 메일 하단에 자동으로 뜨게 설정을 해 두면 편리하다.

패션

'웃지 않으려면 가게 문을 열지 말라'는 중국 속담이 있다. 아무리 젊고 예쁘거나 잘생겼어도 표정이 침울하거나 평소 행동에 짜증이 섞여 있으면 주변 사람들마저 좋지 않은 기운이 전달되어 온다. 사람은 하루에 오만가지 생각을 하는데 그중 80퍼센트가 부정적인 생각이라고 한다. 그런데 대부분의 사람들은 매일 부정적인 생각으로 자신을 스스로 위축하고 고민한다.

부정적인 생각을 멀리하는 방법으로 상대방에 대한 칭찬을 습관화하는 것이다. 상대방에게 칭찬할 때는 구체적으로 해야 한다. 대부분 사람들은 상대방을 칭찬할 때 "응, 그 직원 참 좋아.", "저 직원 괜찮은 직원이야."라고 한다. 도대체 무엇이 좋고 무엇이 괜찮은 건지 모르겠다. 물론 나도 가끔 그렇게 말할 때가 있지만 가급적이면 "응, 그 직원은 성격이 밝고 유쾌해" 내지는 "응, 그 직원, 상대방에 대한 배려심이 깊고 일도 적극적으로 잘해." 이렇게 말하려고 노력한다.

가끔 옷을 예쁘게 입고 온 동료에게 "오늘 옷이 참 예쁘고 얼굴과 잘 어울리네." 라고 말하면 "그래? 잘 어울려? 고마워."라고 말하면 될 것을 "아니야, 안 어울려. 집에 있는 거 대충 입고 왔어."라고 말하는 직원이 꼭 있다. 안 어울리는 옷을 왜 입고 왔는지 모르겠다. 칭찬을 그대로 받아주면 좋은데 꼭 반대로 말하는 것이 예의인 양 그런 것은 오히려 반감을 사게 된다. 많은 사람들은 칭찬하는 것에도 어색하고 칭찬을 받는 것에도 어색해 한다.

지나친 겸손은 이미지를 망칠 수도 있다. 칭찬을 할 때는 구체적으로 하되 혹시 상대방으로부터 칭찬을 받았을 때는 쿨 하게 "감사합니다."라고 한다. 구질구질하게 토를 달면서 부정적인 이미지를 심어주지 않도록 말이다. 칭찬도 인사다. 아침, 저녁으로 인사를 하듯 칭찬도 아침, 점심, 저녁까지 하루 세 번 칭찬해보기를 시도해 보자. 시나브로 지금 있는 자리에서 최고로 사랑받는 사람이 되어 있을 것이다.

옷이 날개라는 말이 있다. 또한 상대방의 첫인상은 3초 안에 결정된다고 한다. 그만큼 시각적인 이미지가 중요하다는 말이다. 셋째 낳기 전까진 주로 정장 차림을 하고 출근했다. 셋째 낳고 일 년 휴직 후 민원부서로 발령받았다. 민원 부서는 근무복을 입기 때문에 옷에 그다지 신경 쓸 필요가 없다는 생각으로 편한 차림으로 대충 입고 다녔다. 그 당시엔 30분 내외로 걸리는 집까지 운동 삼아 걸어 다니자는 생각이 더 크게 자리하고 있었다. 옷을 대충 입다 보니 장롱을 열 때마다 입을 옷이 마땅치 않고 한 계절 지나면 입을 만한 옷이 없었다. 이후 민원 부서에서 일반 부서로 옮기게 되었다. 그때부터 정장을 입기 시작했다. 스커트 정장으로 깔끔하게 입고 다녔더니 보는 이들마다 변했다고 했다. 특히 민원실에서 함께 근무했던 직원들을 만나면 다들 한 마디씩 건넸다. 옷차림을 바꾸니 이미지가 바뀐 것을 피부로 느꼈다.

나는 옷을 잘 입지는 못한다. 그래서 옷을 살 때 가급적 같은 정장 한 벌을 사거나 매장에서 코디를 부탁한다. 정장 속에 입는 이너웨어도 맘에 들면 색깔별로 두세 벌 사서 번갈아 입는다. 백화점에 쇼핑갈 때도 정장 차림으로 가면 점원들의 태도가 달라진다. 보기 좋은 떡이 맛도 좋다고 깔끔한 의상으로 매장에 들어가면 손님 맞는 직원의 입장에서도 좀 더 나은 서비스를 한다. 이것은 인지상정이다. 가끔 홈쇼핑이나 인터넷 쇼핑몰을 커닝한다. 왜냐하면 모델들이 입고 있는 옷을 보면서 색감이나 스타일을 모방하기 위해서다.

여성들에게 패션은 영원한 화두이다. 프랑스 대문호 발자크는 '옷을 부주의하게 입는 것은 도덕적 자살'이라고까지 했다. 모든 직장인의 옷차림을 담을 수는 없지만 기본적인 스타일은 변함이 없다. 이왕이면 깔끔하게 갖춰 입는 것이 상대방에 대한 예의다. 백화점에 쇼핑갈 때도 대충 입고 가지 말고 한껏 멋 내고 가보자. 점원의 태도도 다르다는 것을 피부로 느낄 것이다.

나폴레옹 힐은 '힐의 황금률'이란 잡지를 창간하기 위한 가장 큰 공로자가 바로 의상이라고 했다. 외모야 내 마음대로 태어나는 게 아니지만 의상은 내가 조금만 신경 쓰면 훨씬 돋보일 수 있다. 적절한 의상은 상대방에게 호감을 줄 뿐만 아니라 스스로에게 자신감을 심어준다. 자신감 없는 외모까지 상쇄하고도 남는다.

수없이 많은 성공의 키워드가 있지만 의상 또한 성공의 법칙 중의 하나임을 명심해야 할 것이다.

지나친 예절로 인한 경직성은 자유와 창의적인 업무를 요구하는 요즈음에는 맞지 않을 수도 있다. 하지만 자칫 방종으로 치명적 실수로 피해를 줄 수도 있으니 적절한 긴장감도 필요하다. 처음에는 주변의 분위기를 따라가며 익숙해지려고 노력하다가 적응이 되었다 싶을 때 조금씩 개성을 드러내면서 멋진 직장인으로 생활하길 바란다.

친절은
마음에서 우러나오는 진심

인간이여, 스스로를 알라.
모든 지혜는 그대 자신에게 집중되어 있다.
· 에드워드 영·

요즘 후배 공무원들은 내 첫 임용 시절과는 사뭇 다르다. 예쁘고 당당하고 똑똑하기까지 하다. 소위 말하는 공무원 같지 않은 직원들도 많다. 프레젠테이션도 다 배우고 들어온 듯 말도 잘하고 발표도 잘한다. 그러나 직장생활은 프레젠테이션만 잘한다고 다 잘하는 것은 아니다. 상사와 동료 간 주고받는 말투에서 그 사람의 인격과 품격, 그리고 교양이 나온다. 몇 가지만 유의하면 분명히 사랑받는 여러분이 될 것이다.

동료나 상사를 대하는 말투

직장에서 가장 흔하면서 헷갈리는 존댓말 중의 하나가 다음과 같은 상황이다. 유재석 과장이 박명수 상무로부터 전화를 받았다.

"유재석 과장! 정준하 이사 자리에 있나요?"

"상무님, 지금 정준하 이사님 안 계십니다."

"어디 갔나요?"

"○○부서 노홍철 부장님과 미팅 중이십니다."

정준하 이사는 유재석 과장에게는 상사이지만 박명수 상무에게는 부하직원이다. 유재석 과장은 박명수 상무의 기준에 맞춰 이야기를 해야 한다.

"상무님, 지금 정준하 이사는 자리에 없습니다."

"어디 갔나요?"

"○○부서 노홍철 부장과 미팅 중입니다."라고 해야 한다. 지나친 존칭은 어색함을 불러온다. 이렇게 말하지만 나도 "정준하 이사는 자리에 없습니다."라고 말하기가 잘되지 않는다. 알면서도 괜히 정준하 이사를 낮춘 듯해서 종종 "최 이사님 자리에 안 계십니다."라고 한 적도 있는데 지금은 거의 고쳤다.

가끔 '우리나라'를 '저희 나라'라고 쓰는 오류를 범하는 것을 볼 때가 있다. 국가와 국가 사이에는 서로가 동등하다. '저희 나라'라고 할 경우 말하는 사람뿐만 아니라 대한민국이란 나라 전체를 낮추는 말이 되기 때문에 절대 사용해서는 안 된다. 《국립국어원 표준국어대사전》에서는 '우리나라'를 '우리 한민족이 세운 나라를 스스로 이르는 말'이라고 하여 한 단어로 보고 있다. 우리나라는 대한민국을 지칭하는 고유명사인 셈이다.

외국인이 "당신 나라의 고유 의상은 있습니까?"라고 물을 때 "우리나라 고유의상은 한복입니다."라고 해야 한다.

방송에서도 가끔 보면 저희나라 어쩌구저쩌구……하는 말을 들을 때면 안타깝다. 우리말 표현도 일반 광고하는 것처럼 방송사에서 의무적으로 했으면 좋겠다는 생각을 해본다.

얼마 전 이런 우스운 대화를 들었다. 두 사람이 대화하는 상황이다.

"어서 오십시오. 밖에 비가 오시는 데 불편하시지는 않으셨어요?" 처음엔 농담인 줄 알고 혼자서 웃음을 참았다. 그다음에 똑같은 상황에서도 항상 비나 눈에 대해 극존칭을 사용하는 것이다.

"밖에 눈이 오시는데요."

"밖에 비가 오십니다."

듣기 거북한 데다 어색했다. 비나 눈처럼 사물에는 극존칭을 사용해서는 안 된다. 이렇듯 사소한 부분에서 존칭 사용을 잘 못하게 되면 격이 떨어진다. 우리말이지만 상황에 따라 사용하는 말들이 달라 어려운 경우가 많다. 평소에 연습하면서 난처한 상황에 대처하는 힘을 기르자.

상대방과 대화할 때 비치는 표정

취업사이트 '잡코리아'가 남녀 직장인을 대상으로 직장생활에서 첫인상의 영향에 대한 설문조사를 하였는데 그 결과 첫인상 결정 요인 1위가 얼굴 표정이었다고 한다. 그만큼 얼굴 표정은 상대방에게 호감을 느끼게 하는 요인이다. 상대방이 나의 이야기를 진심으로 듣는지 건성으로 듣는지는 매우 쉽게 파악이 된다. 상대방의 말에 공감하면서 적당한 추임새를 넣어야 하는데 눈은 상대방을 보면서 머릿속에서는 딴생각을 하면 대화가 잘될 리 만무하다.

미국의 철학자 에머슨은 다음과 같이 말했다.

"우리들의 눈에는 모든 고백이 들어 있다. 얼굴의 미소와 인사말, 남과 악수하는 자세에서도 이 모든 고백을 찾아볼 수 있다. 죄가 있는 사람은 그것 때문에 몸이 망가지게 되고 자신의 좋은 인상을 망친다."

대화를 하는 데 있어 '아이컨텍'은 매우 중요하다. 가끔 외부 강연자를 초청해서 교육을 들을 때가 있다. 노련한 강사는 청중과 호흡하면서 이야기를 자연스럽게 풀어나가는데 어떤 강사는 혼자 먼 산을 보며 이야기한다. 청중들과 눈을 마주치지 않는다. 우리말에 '눈이 맞았다'라는 말이 있다. 남녀가 서로 호감 이상의 감정을 느낄 때 서로 눈이 맞았다는 표현을 한다. 눈을 마주치며 이야기하는 것은 상대방과의 단순한 소통 이상의 것이다.

상사나 동료와 대화할 때 '나는 당신의 이야기를 진심으로 듣고 있다'라는 표정으로 임해보자. 많은 사람들이 여러분에게 속마음을 털어놓으려 할 것이다.

미하엘 엔데Michael Ende의 《모모》에서 모모가 사람들에게 인기 있는 비결이 무엇이었을까? 잘 생기거나 말을 잘해서가 아니다. 상대방의 이야기를 잘 들어준 것뿐이다. 그래서 사람들은 모모를 좋아하고 모모한테는 무슨 말이든지 편하게 하는 것이다.

인사성

밝고 크게 인사하자. 아침에 출근하면 관리자에게 인사를 하지 않고 슬그머니 자기 책상에 앉는 직원이 많다. 출근 인사를 하면서 상사나 동료들에게 자신의 존재도 알리며 하루를 시작하는 것은 직장생활의 기본 예의다. 퇴근할 때도 상사나 동료들에게 인사도 없이 가는 경우도 많다. 다른 직원들은 근무하고 있는데 혼자 가기가 미안할 수도 있겠지만 밝게 인사를 하면서 퇴근한다는 정보를 상대방에게 심어주자.

고약한 상사라면 인사도 없이 퇴근했다는 생각에 불쾌감이 들 수 있고 그것으로 인해 신뢰를 잃을 수도 있다. 나는 출·퇴근할 때 상사에게 반드시 인사한다. 간혹 상사나 동료는 퇴근하지 않고 있는데 혼자서 퇴근한다고 인사를 하면 어색하고 민망하다. 그렇다고 도둑고양이처럼 슬그머니 나가는 것은 나 스스로가 싫어서 당당하게 인사를 한다. 집에서도 마찬가지다. 가족 중 누군가 집에 들어올 때나 기척 없이 들어오면 얼마나 이상한가? 직장도 마찬가지다. 들고 나는 것을 상사는 모르는 척할 뿐 다 알고 있다. '나 한 명 슬쩍 퇴근해도 모르겠지?'라는 생각은 접고 당당하게 인사하고 출·퇴근하는 습관을 들이자.

상대방에 대한 친절

나는 오랫동안 공직생활하면서 친절이란 말은 귀에 못이 박히도록 많이 들어왔다. 친절·불친절한 공무원, 친절 점검, 전화 친절, 친절 교육, 친절 대책 회의 등…….

공직생활 하는 동안에는 버릴 수 없는 단어이다. 어차피 함께 갈 거면 친절이란 단어를 내가 좌지우지해야 한다. 무슨 일이든 억지로 하면 재미없고 꼭 남을 위해 희생하는 것 같은 생각이 든다. 어떤 이의 말마따나 쓰레기를 하나 줍더라도 지구 한 귀퉁이를 청소한다는 마음으로 하면 그 일이 얼마나 즐겁겠는가? 친절도 마찬가지다. 공무원은 특히나 친절을 떠나서는 생각할 수 없다. 고객을 상대하는 업무를 보는 사람이라면 오랜만에 친구를 만난 것처럼 밝은 모습으로 응대해보자. 친구랑 대화는 즐겁다. 적절한 피드백과 웃음도 동반한다. 고객을 업무적으로 응대하기에 앞서 친구랑 대화하듯 업무를 본다면 그 시간이 결코 지루하지 않을 것이다.

친절의 중요성을 종교보다도 더 위대하게 표현한 법정 스님을 비롯해서 친절에 관한 명언을 몇 가지 보도록 하자.

"이 세상에서 가장 위대한 종교는 불교도, 기독교도, 유대교도, 힌

두교도 아닙니다. 그것은 다름 아닌 친절입니다."

• 법정

"언제 어디서 누구에게나 친절하세요."

• 슈바이처

"모든 사람에게 예의 바르고 친절한 사람은 아무에게도 적이 되지 않는다."

• 벤저민 프랭클린

"쾌활함이나 상냥한 마음씨는 쓰면 쓸수록 많이 생겨난다."

• 에머슨

"남에게 친절함으로써 그 사람에게 준 유쾌함은 곧 자신에게 돌아온다."

• 존 스미스

"친절은 어려운 일을 수월하게 만들고, 암담한 것을 즐거움으로 바꾼다."

• 톨스토이

은행원·승무원·백화점 판매원처럼 직접 고객을 응대하면서 자신의 감정은 드러내지 않고 서비스해야 하는 직업 종사자들을 우리는 감정노동자라고 한다. 배우가 연기를 하듯이 자신의 감정을 드러내지 않고 항상 웃음으로 업무를 봐야 한다.

감정노동자의 상당수는 스마일마스크 증후군에 걸리는 경우가 많다.

이 증후군은 밝은 모습을 보여야 한다는 강박관념에 사로잡혀 얼굴은 웃고 있지만 마음은 우울한 상태가 이어지거나 식욕 등이 떨어지는 증상을 말한다. 이런 감정노동자들은 성격에 따라 심한 스트레스를 받는데 이를 적절히 해소하지 못하는 경우 우울증과 소화불량, 적대감 등으로 심한 경우 정신질환까지 이어진다고 한다. 감정노동자에 대한 지속적인 관심과 스트레스 해소 대책이 필요하겠지만 근무자도 유연한 마음가짐으로 근무할 필요가 있다.

　같이 근무했을 때는 매우 친절하고 좋은 직원이었는데 부서가 바뀌면서 성격도 바뀐 직원이 간혹 있다. 특별하게 한직이니 요직이니 구별하기는 그렇지만 직원들이 선호하는 부서가 있다. 그런 부서에 가면 대부분 민원인을 상대하기보다는 직원들을 상대로 근무한다. 직원들을 대상으로 근무하면 민원인 응대하는 것보다 더 수월하고 생색도 날 수 있겠건만 유독 불편한 직원들이 있다. 직원들에게 잘함으로써 자신의 이미지도 올라가고 좋은 평으로 이어질 텐데 참 안타깝다. 자신이 평생 그 자리에 있지 않을 것임을 알 텐데 말이다.
　친절은 상대방에 대한 부드러움이며 배려다. 친절은 상대에 대한 존중의 외형적 표현이다. 이따금 인사하는 인형이 놓여있는 가게를 보곤하는데 사람들은 그 인형이 90도로 굽히며 "어서 오십시오." 라고 아름다운 목소리로 인사하는데도 감동을 받지 못한다. 그 이유는 인형의 인사에는 감정이 담겨 있지 않음을 알고 있기 때문이다. 그 인형을 세워둔

가게 사장님은 인사를 겉보기로만 인식했기 때문에 그런 실수를 한 것이다. 친절은 마음에서 우러나오는 진심이다. 친절은 상냥함이며 인간적인 매력이다.

나는 여러분이 매력적인 사람이길 바란다.

사람은 호기심이 없어지면서 늙기 시작한다

우리는 일 년 후면 다 잊어버릴 슬픔을 간직하느라고
무엇과도 바꿀 수 없는 소중한 시간을 버리고 있다.
소심하게 굴기엔 인생은 너무나 짧다.

·데일 카네기·

대부분의 직장인들은 월급날을 손꼽아 기다린다. 직장인들의 한 달 중 월급날은 오아시스에서 물 만나는 기분이다. 기다리는 것은 비단 월급날뿐만 아니다. 출근하자마자 점심시간을 기다린다. 점심 먹고 나면 또 기다리는 것이 퇴근 시간이다. 그리고 술 약속을 기다린다. 혹은 직장 상사 휴가 가는 날을 기다린다. 직장 상사가 휴가가고 나면 사무실 분위기는 왜 그렇게 화기애애한지 모른다. 이렇듯 보통 직장인의 삶은 기다림의 연속이다. 어떤가? 여러분들의 모습인가? 혹시 매일 이렇게 기다리는 삶을 살고 있지 않는가? 이런 기다림 속에서 직장 생활의 즐거움을 찾고 있지는 않은가?

오스트리아 심리학자 빅터 프랭클Viktor Frankl은 "요즘 직장인들은 삶의 수단은 가지고 있지만 삶의 의미는 가지고 있지 않다."라고 말했다.

삶의 수단과 삶의 의미가 무엇을 뜻하는지 진지하게 고민해봐야 한다. 요즘 직장인들은 일을 월급 받는 수단으로만 생각하는 경향이 있다. 이렇게 되면 자신의 업무에서 어떤 의미나 가치를 발견하지 못하게 된다. 일을 해야 하는 본질을 놓치는 것이다. 월급 받는 수단으로만 작용할 때 일은 점심시간과 퇴근 시간만을 기다리는 것으로 전락하고 만다.

자신의 일터를 꿈 터로 여기는 태도

예전 근무처에 공익근무요원 한 명이 내 옆자리에서 근무한 적이 있었다. 당시 그 친구는 대학을 휴학하고 군 복무대신 공익근무요원으로 대체 근무를 했다. 그런데 배치 받은 다음날부터 제일 먼저 출근해 사무실 청소를 했다. 나도 보통 일찍 출근하는데 그 친구는 진즉 출근해 청소를 하고 있었다. 직원들이 출근할 때면 큰소리로 "안녕하십니까?"라고 인사했다. 그 친구 일은 문서 수발이나 행정업무 보조였는데 민원 업무를 보는 직원들 업무까지 다 꿸 정도로 모든 직원들을 도와주었다. 가끔 공익근무요원과 직원이 주객 전도된 느낌이 들 정도로 사무실에서 소중한 사람이 된 것이다. 그러다 보니 직원들이 회식이 있을 때나 송별식 등이 있을 때 그 친구는 반드시 참여시켰다. 관리자나 직원들한테 사랑을 독차지하면서 근무를 한 것이다. 복무를 다 마치고 소집해제 때는 선물과 회식까지 해주었다. 여태 근무하며 공익근무요원에게 그렇게 융숭한 대접을 해준 적은 그때가 처음이자 마지막이지 않았나 싶다. 그 후 많은 공익근무요원들과 근무를 했지만 그 친구처럼 하는 사람은 아직 보지 못했다.

그는 소집 해제 후 회사에 입사하여 승승장구하더니 결국 많은 직원을 거느린 대표가 되었다. 그럴 줄 알았다. 다른 사람들과 행동 자체가 달랐다. 어떤 일을 맡겨놔도 즐겁고 힘차게 일을 해냈다. 자신은 비록 행정업무의 보조인 공익근무요원으로 복무하고 있었지만 '내가 하는 일은 최고다.'라는 것처럼 일했다. 그는 자신만의 어떤 신념을 가지고 있었던 것이다. 아마 그 친구는 매슬로우Abraham Maslow의 욕구이론 중 가장 높은 단계인 자기완성, 삶의 보람인 자아실현의 욕구를 위해 근무하지 않았나 싶다.

여기서 잠깐 매슬로우의 욕구 이론에 대해 살펴보도록 하자.

매슬로우는 모든 인간은 욕구를 단계별로 나누고 이들 간에 위계적 관계가 있다는 '욕구 위계설'을 주장했다. 이 욕구는 5단계로 이루어져 있다. 가장 기본이 되는 하위욕구가 충족이 되어야 상위욕구가 추구될 수 있다는 것이다.

첫째, 생존의 욕구다. 인간생활에 가장 기본이 되는 의·식·주에 관한 욕구를 말한다. 배고픔, 갈증, 호흡, 체온 조절, 수면, 배설, 성욕, 통증 등 살아남기 위한 동물적 본능에 이끌리는 욕구다. 인간이 정말 배가 고픈 상태에 있는데 배가 채워지는 것보다 더 중요한 욕구는 나타날 수 없다. 신입사원인 경우 급여나, 근로조건 같은 경우가 일종의 생존의 욕구라 할 수 있다.

이 생존의 욕구가 해결되면 두 번째 욕구인 안전의 욕구가 생긴다. 안전의 욕구는 신체 및 감정적인 위험으로부터 보호되고 안전해지기를 바라는 욕구다. 외부 환경으로부터의 보호 및 장래에 대한 보장이 해당된다. 내 친정어머니처럼 공무원이 되어 안정적인 직업을 가졌으면 좋겠다고 말씀하셨는데 이런 경우도 안전의 욕구가 작용하고 있다고 보면 된다. 또한 직장인 경우 조직에 대한 소속감이 높아지면서 직장 동아리 활동 등 이 두 번째 욕구라 할 수 있다.

세 번째 욕구는 소속감과 애정의 욕구다. 사랑, 우정, 동료애 등 사람들과 친교하고 원하는 집단에 귀속되어 소속감을 느끼고 싶어 하는 욕구이다. 조직 내부에서 비슷한 성향과 관심사를 가진 사람들이 모이기도 하는데 사회적 존재인 인간에게 당연히 나타나게 되는 욕구다. 그 안에서 소통하고 이성간에 애정을 느끼는 욕구 등을 말한다.

소속감과 애정의 욕구가 충족되면 네 번째로 존경의 욕구가 생겨난다. 관계 형성을 지나 그 이상의 것이 되고 인정받고 싶고 존경받고 싶어진다. 상사에게 칭찬을 받기 위해서 늦게까지 야근을 하고, 승진을 통해 자신의 가치를 인정받고 싶어 하는 것도 연관이 있다.

마지막으로 최상위의 욕구인 자아실현의 욕구다. 자신이 원하고 이룰 수 있는 것을 성취하려고 하는 욕구다. 한 인간으로서 자신의 발전을 위해 실현할 수 있는 자신의 잠재력을 극대화 시키려는 욕구이며 자기완성에 대한 갈망을 말한다. 자기가 원하는 것을 선택하고 그것을 통해 인정받고 멋진 결과를 만들어내는 삶! 나나 여러분이 꿈꾸는 삶이다.

여러분은 현재 자신의 위치를 어떤 욕구상태로 보고 있는가? 생존의 욕구를 위해 직업을 선택한 것인가 아니면 자아실현을 위해 직업을 선택한 것인가. 만약 생존의 욕구만을 위해 직업을 선택했다면 위에서 이야기한대로 시간이 흐를수록 기다림의 인생으로 변할 가능성이 농후하다. 하지만 자아실현을 위한 최상위 욕구에 기초해서 직장에 들어왔다면 자신의 삶은 보통 직장인과 다른 삶을 살게 된다. 주도적인 인생으로 자신의 꿈과 비전을 가지고 임하게 되며 자신의 일터가 꿈 터가 되는 것이다.

평생 공부, 삶을 즐길 수 있는 비결

많은 직장인들이 자기계발을 통해서 꿈을 이루고자 하지만 현실의 벽은 높기만 하다. 직장생활 하면서 큰 꿈을 위한 자기계발은 상당히 힘들다. 주변의 눈총을 의식해야 하고 때론 "상사나 회사 일에 충실해야지 무슨 자기계발이냐?"라며 핀잔을 들을 수 있다. 나 역시도 직장생활 하면서 시간 쪼개 집필 작업을 하는데 그런 말을 하지 않을까 신경이 쓰인다. 그래서 업무를 더 열심히 하게 되고 부지런 떨게 된다. 여러 가지 이유로 자신의 원대한 꿈을 위해 전진하기는 쉽지만은 않다. 그럼에도 자아실현을 위해 노력하는 사람들은 존재한다.

온라인 취업포털 '사람인'이 직장인 1,173명을 대상으로 '신입사원 시절 후회하는 것'과 관련한 조사결과를 보면 무려 96.9퍼센트나 되는 직장인들이 '신입사원 시절에 해야 했는데 하지 못한 것에 대한 후회'라고 답했다. 그 후회가 무엇이겠는가? 자아실현을 위한 자기계발을 꾸준히 하지 못한 것이다. 요즘은 내가 직장에 발을 디뎠을 때보다 훨씬 좋은 조건으로 자기계발을 할 수 있다. 언제 어디서나 원하면 손에 닿는다. 맘만 먹으면 양질의 지식과 노하우를 얻을 수 있는 곳이 지천에 널려 있다. 그렇다면 어떻게 양질의 지식과 노하우를 얻을 것인가?

첫째, 끊임없는 독서다. 요즘엔 인터넷으로 뉴스, 전자책 등 고개만 돌려도 정보를 습득할 수 있다. 그러나 나는 직접 읽는 신문과 종이책을 권한다. 비록 생명 없는 활자이지만 팔딱팔딱 뛰는 것을 느낄 수 있는 것은 종이책만큼 좋은 것이 없다고 생각하기 때문이다. 읽으면서 줄 긋고 접고, 메모하고 나를 성숙시켜주는 가장 좋은 자기계발 방법으로 종이책을 권한다. 가끔씩 통념을 뒤집고 시각을 넓혀주는 책들을 만나곤 하는데 다 읽고 나면 세상이 읽기 전의 세상과 전혀 다른 모습으로 다가옴을 느끼며 희열에 젖는다.

문화체육관광부는 2013년 11월 16일부터 12월 10일까지 전국 만 18세 이상 성인 남녀 2,000명과 초·중·고등학생 3,000명을 대상으로 실시한 '2013 국민독서 실태조사' 결과를 발표했다. 그 결과 우리 국민 10명 중 3명은 한 해 동안 단 한 권의 책도 읽지 않는 것으로 드러났다. 국민의 평균 독서 시간은 평균 26분, 주말 30분에 불과해 하루 평균 인터넷 사용 2.3시간, 스마트폰 사용 1.6시간에 비해 턱없이 낮은 수준이다. 충격이다.

우리의 인생은 유한하고 모든 것을 다 경험할 수 없기 때문에 책에서 삶의 지혜와 통찰을 얻어야 한다. 성공한 사람들의 삶을 보면 한결같이 독서광들이었다. 한 권의 책에서 많은 지혜와 지식을 얻을 수 있는 것에 비하면 책 한 권의 값은 그리 비싸지 않다. 《88만 원 세대》의 저자이기도 한 우석훈은 책을 읽어야 하는 이유에 대해서 의아하게도 가장 빠른 지식습득은 인터넷보다 책이라고 말한다. 지금까지 우리가 알고 있는 철학자나 지식인들이 역사에 큰 족적을 남겼던 것은 그들이 쓴 저서 때문이라고 한다. 그 방식은 세상에 공인될 수 있는 가장 권위 있는 방법이었고 지금도 그 전통은 깨지지 않아 인정받고 싶은 것이 있으면 책이라는 완성된 형태로 발표하려는 생각이 강하다. 물론 블로그에도 쓸 수 있지만 책은 오랫동안 남을 매체로 생각하기 때문에 더 정성을 들이게 된단다. 그래서 책을 읽는 것이 지금까지는 가장 빠른 지식을 습득하는 방법이라고 했다. 앞으로 영상이 이것을 대체할 수 있을지 몰라도 아직까지는 책의 권위는 여전하다는 것이다.

둘째, 끊임없는 배움이다. 즉, 죽을 때까지 배워야 한다는 심정으로 공부해야 한다. 미국의 와튼 스쿨은 MBA졸업생들이 7년마다 다시 캠퍼스로 돌아와 1주일간 집중적인 경영자 과정을 밟을 수 있도록 프로그램을 운영한다. 7년이면 그간의 지식과 정보는 이미 퇴화되었다 생각하고 최신 트렌드에 맞게 교육하는 것이다. 나이가 들수록 배움에 있어 젊을 때보다 훨씬 더 많은 노력을 기울여야 한다. 나 같은 경우는 조금 어려운 책은 몇 줄 읽다 보면 앞에 읽었던 내용은 기억이 나지 않는다. 읽다가 딴 생각이 스멀스멀 올라와 나중에 보면 책장은 넘어가는데 내용은 전혀 기억이 나지 않는 경우도 있다. 하지만 기억력은 현저히 떨어지는 데 비해 이해력은 크게 좋아진다. 아무래도 그동안 쌓아온 경험 때문이겠지만 그 덕에 입체적인 사고가 가능해져 비로소 균형적 판단을 할 수 있게 된다.

셋째, 직장의 교육 시스템 활용이다. 요즘 직장에서는 직원들을 위한 교육이 늘고 있다. 파워포인트, 엑셀, SNS 활용법 등의 전산 교육이나 각종 업무 관련 교육을 전 직원이 볼 수 있는 공지사항에 띄운다. 그럴 때면 눈여겨보곤 한다. 업무에 피해가 가지 않는 범위 내에서 사내 교육을 잘 활용하도록 하자. 사설 학원처럼 비용이 들어가는 것도 아니면서 수준은 사설 학원 못지않다. 이렇듯 다양한 방법으로 자기계발을 하는 사람은 점심때만 기다리고, 저녁때만 기다리지 않는다. 왜냐하면 배우고 해야 할 일들이 무궁무진해서 시간이 부족하기 때문이다.

미국의 경영학자 피터 드러커는 "평생 동안 공부하는 것을 게을리 하지 않는다면 뇌세포를 건강하게 유지시켜 주고 나아가 육체적인 건강유지에도 그 영향을 미친다. 사람은 호기심이 없어지면서부터 늙는 것이다. 배우면 젊어질뿐더러 삶을 즐길 수도 있게 된다."고 했다.

나이를 먹어서 늙는 게 아니라 호기심이 없어지면서 늙는다니!
여러분은 지금 어느선인가?

디테일의 힘

나는 항상 디테일의 중요성을 강조한다.
훌륭한 경영자가 되려면 반드시 가장 기본적인 일부터
완벽하게 챙길 줄 알아야 한다

· 레이 크록(맥도널드 창업자) ·

신입사원 시절에 흔하게 듣는 이야기로 다음과 같은 일화가 있다. 아프리카에 직원 둘을 파견해서 신발 시장이 어떤지 조사하게 했다. 아프리카를 다녀온 한 직원은 "사장님, 아프리카에는 신발 시장을 개척할 수가 없습니다. 왜냐하면 원주민들이 모두 맨발로 뛰어다니기 때문에 신발을 팔 수 없는 악조건입니다." 라고 보고를 했다. 다른 직원은 "사장님, 아프리카에 시장은 무궁무진합니다. 원주민들이 모두 맨발로 뛰어다니기 때문에 신발 수요가 엄청납니다."라는 보고를 했다. 똑같은 곳에 파견을 했지만 두 사람은 전혀 다른 눈으로 보고 온 것이다.

이와 비슷한 일화로 정주영 회장의 자서전에 다음과 같은 내용이 나온다. 중동 사막에서 토목 공사를 하는데 도통 물을 구할 수가 없었다.

공사가 불가능하다는 판단을 하고 정주영 회장에게 보고하게 된다. 정 회장은 토목 공사에 모래가 절대적으로 필요한데 사막은 모래뿐이니 물만 끌어오면 공사는 식은 죽 먹기라고 진단한다.

신입사원 시절에는 아직 때 묻지 않은 유연한 사고가 가능할 때다. 똑같은 조건에도 창의력과 디테일의 힘이 요구되는 대목이다.

마이클 조던과 나이키의 조합

전 세계적으로 4만 명의 직원을 거느리고 있는 나이키 신화의 원동력은 어디에 있을까?

1963년 빌 바우어만Bill Bowerman과 필 나이트Phil Knight가 나이키의 전신인 블루리본스포츠라는 업체로 동업을 했다. 그 이름 없는 업체가 전 세계 스포츠용품업계의 최강자가 되리라곤 아무도 생각하지 못했다.

빌 바우어만과 필 나이트는 직원들에게 디테일의 힘을 요구했다. 이후 회사에서 원하는 스타일의 직원들은 살아남고, 견디지 못한 직원들은 속속들이 떨어져 나갔다. 그들의 디테일한 경영 방식으로 인해 회사는 승승장구하면서 급속도로 성장했다.

1972년 회사 이름을 '나이키'로 바꾸고 전 세계로 뻗어 나가기 시작했다. 그즈음 미국 스포츠용품 시장도 폭발적으로 성장해 나갔다. 당시 부동의 스포츠용품 1위는 아디다스였다. 1920년에 설립된 아디다스는 나이키보다 훨씬 우위를 선점하고 있었다. 다양한 제품을 출시하면서 아디다스를 따라잡으려 했지만 스포츠용품 시장을 장악하고 있는 아디다스를 따라잡기는 녹록지 않았다.

　그러나, 나이키는 1984년 농구의 황제 마이클 조던에 의해서 행운이 찾아왔다. 당시 나이키 농구 담당 스카우트 '서니 비카로'는 나이키를 설득해 조던에게 전폭적인 투자를 하도록 만들었다. 그는 나이키의 여유자금 50만 달러를 모두 조던에게 투자할 것을 권했다. 대학 시절 농구 코트를 종횡무진 했다지만 당시 NBA에서 1분도 뛰지 않은 신인에게 이러한 파격적인 금액을 제시한 것은 유례가 없던 일이었다. 나이키는 비카로를 믿고 조던에게 5년간 250만 달러를 투자했다. 농구는 물론 모든 스포츠 종목을 통틀어 가장 비싼 모델료였다. 또한 나이키는 마이클 조던 이름을 딴 농구화까지 특별 제작하겠다고 제안했다. 그러나 더 놀라운 것은 마이클 조던이 그 파격적인 제안을 거절했다는 것이다. 왜냐하면 그는 나이키보다 아디다스를 더 좋아했기 때문이다. 하지만 아디다스는 마이클 조던을 외면했고 할 수 없이 그는 나이키와 5년 계약을 맺게 되었다.

　당시는 신발에 세 가지 색 이상이 들어가면 안 된다는 NBA의 규정 때문에 흰색 바탕에 튀는 색깔이 없는 농구화가 당연시되던 시대였다. 그래서 강렬한 붉은색 바탕의 파격적인 디자인의 에어조던 농구화는 곧 규정 위반으로 5천 달러 벌금의 징계를 받게 되었다. 나이키는 벌금을 대신 물어가면서까지 조던에게 에어조던 1을 착용하게 하였고 벌금도 계속해서 치솟았다. 조던이 규칙을 위반하고 몇천만 원의 벌금을 물면서까지 계속 신으니 사람들은 얼마나 성능이 좋은지 알고 싶어졌다. 곧 나이키에서 만든 신발이란 걸 알게 되었고 신어본 사람들은 나이키에 열광하게 되었다. 그

반응은 가히 폭발적이었다. 마이클 조던은 그 후에도 놀라운 성적으로 엄청난 경제적 가치를 창출하면서 나이키는 전 세계 농구화 시장의 65퍼센트를 점유하게 되었다. 나이키와 마이클 조던의 조합은 그 누구도 성공을 예상하지 못했지만 세계를 뒤흔들고 말았다. 이 모험적인 스타 마케팅은 이후로 나이키의 핵심 마케팅 방법이 되었고 이는 NBA의 벌금조치를 악재에서 호재로 바꾸게 한 디테일 전략 덕분이었다.

98을 완성하는 2의 힘

미국의 포드 자동차 공장에서 기계의 오작동으로 작업이 중지되었다. 많은 기술자들은 수개월 동안 면밀히 조사했지만 고장의 원인을 찾을 수가 없었다. 포드 자동차는 어쩔 수 없이 독일 전문가에서 수리를 의뢰했다.

이 전문가는 세심한 분석을 거친 후 기계 위에 선 한 줄을 긋고는 "기계를 열고 이 선을 그은 곳의 코일을 16개로 줄이시오."라고 말했다. 그의 말대로 했더니 과연 기계가 정상가동하기 시작했다. 그는 포드사에게 1만 달러의 수리비용을 요구했다. 그러자 포드사에서는

비싼 수리비에 난색을 표명했다. 그러자 그 수리 전문가는 "선을 그리는 것은 1달러의 가치밖에는 없지요. 하지만 어디에 선을 그어야 할지를 아는 것은 9,999달러의 가치를 지니고 있습니다."라고 했다.

여기에서도 디테일의 힘이 요구된다. 사실 결론만으로 판단하면 간단하지만 그 결론을 내리기까지 얼마나 많은 분석과 수많은 시행착오가 있

었겠는가?

복어 요리는 일본인들이 가장 좋아하는 요리 중의 하나다. 복어에는 테트로도톡신이라는 독이 있어 자칫 요리를 잘못하다간 독으로 인해 사망할 수가 있다. 그러나 복어를 즐겨 먹는 일본에서는 복어 먹다 사망하는 경우는 거의 없다. 그 이유는 복어에 대한 정확한 진단과 교육이다. 복어에 들어있는 독으로 인해 일본에서는 복어를 요리하는 과정이 매우 까다롭다. 까다롭게 정해놓은 자격증이 있는 사람만이 요리를 할 수 있다. 이런 사소한 차이에서 결국 사람의 목숨이 결정된다. 똑같은 복어 요리지만 진단과 교육을 받은 곳과 그저 별 차이 없이 요리하는 곳의 결과는 완전히 달라진다.

지금 직장생활을 하는 사람도 있을 것이고, 학생이나 아르바이트를 하는 사람도 있을 것이다. 요즘은 청춘들도 창업에 뛰어들어 사업을 하는 사람도 꽤 있다. 내가 근무하는 곳의 바로 옆에는 청년 네댓 명이 운영하는 짬뽕집이 있다. 외관도 깔끔하게 꾸며두기도 했지만 무엇보다 그곳에 가면 생기가 넘친다. 상의 뒤에 번호가 적혀 있는데 "1호 씨!"라고 불러달라고 한다. 어떤 사이인지는 모르겠지만 젊은 청춘들이라서 그런지 늘 붐비고 음식 또한 저렴하고 맛있다. 특히나 인상적인 것은 분업화가 확실하게 되어 있다는 것이다. 손님이 불편하지 않도록 척척 알아서 대기부터 다음 직원한테 인수인계까지 손발이 척척 맞는다. 바쁘다 보면

"어서 오십시오."라고 끝날 수 있음에도 세심하게 챙겨서 안내하는 것이 마음에 들어 다시 찾게 된다.

98퍼센트를 차지하는 원료와 부품은 완비되었는데 2퍼센트의 부재료가 준비되지 않아 시스템이 돌아가지 않는다고 생각해 보자. 사소하고 작은 부분을 절대 소홀히 여기지 말자. 어떤 큰 나무라 할지라도 작은 가지에서 시작된다는 것을 안다면 2퍼센트를 어찌 사소하게 생각하겠는가?

일하는
마음가짐에 대하여

자신이 될 수 있는 존재가 되길 바라는 것이
삶의 목적이다.
· 신시아 오지크 ·

 청소의 사전적 의미는 '더럽고 어지러운 것을 쓸고 닦아서
깨끗하게 하는 것'으로 나온다.

누구나 하기 귀찮고 싫어하는 청소지만 또 누군가는 쓸고 닦아야만
한다. 그러나 청소 뒤에 느끼는 상쾌한 기분을 생각하면 어느 정도의 수
고로움은 누구라도 감내한다.

나는 주민과 가장 가까이 접하는 주민센터에서 청소 관련 업무를 담
당하고 있다. 어떻게 보면 아름답고 보람 있는 일을 하고 있다고 봐도 좋
겠다.

요즘엔 쓰레기도 돈을 주고 버린다. 의자 하나 버리려면 3천 원이고
대형 침대를 하나 버리려면 1만 원이 훌쩍 넘는다. 이사하면서 물건을 버
리기 위해 스티커를 사러 오시는 분을 보면 가끔 미안하다. 어쩔 땐 10만

원어치 스티커를 발급받아 가신 분도 있다. 어떤 분은 버리는 수수료가 새것으로 사는 것보다 더 많다며 너털웃음도 웃으셨다.

어느 날 아주머니 한 분의 전화가 왔다. 딸을 보내는데 돈이 없으니 다음날 갖다 주겠다며 스티커를 발급해달라고 부탁하신다. 동네 슈퍼마켓 장사도 아니고 당연히 안 될 일이지만 흔쾌히 발급해줬다. 받아야겠다는 생각은 하지 않았다. 다음날 아주머니는 고맙다며 수수료를 갖다 주셨다. 또 한 번은 어르신이 여러 개의 물건을 버리러 오셨다. 총 4만 9천 원인데 돈을 세보니 4만 6천 원뿐이었다. 나는 자연스럽게 "아, 3천 원이 부족하네요. 제가 내드릴게요."했더니 고마워서 어쩔 줄 몰라 하셨다. 오히려 내가 기분이 더 좋았다. 3천 원 내드렸을 뿐인데 내게 돌아온 건 훨씬 큰 행복이었다. 요즘 커피 값이 4~5천 원은 기본인데 어르신 커피 한 잔 대접한다고 생각했다. 나보다도 어르신의 표정이 무척 밝아 내내 좋았다.

상대방에 대한 작은 배려로 서로가 기분 좋은 경우다. 청소업무 보면서 자잘하게 상대방을 배려했던 일들이 많았다. 혼자 사는 분이 스티커를 끊어 두고 물건을 집 밖으로 꺼내질 못해 가서 도와서 꺼내 드린 적도 있었다. 내 가족이라 생각하고 정성을 기울이면 일이 즐겁다.

쓰레기 담당

어느 날 전화벨이 울린다.

"안녕하십니까? ○○동 주민센터 이연웁니다"

"쓰레기 담당 좀 바꿔주세요"

졸지에 쓰레기 담당이 되었다.

"아, 네네……. 제가 쓰레기 담당입니다."

"쓰레기 담당이세요? 우리 집 앞에 쓰레기가 잔뜩 쌓여 있어요. 동네가 쓰레기 천지예요. 당장 치워주세욧!"

전화가 끊기고 들리는 것은 뚜뚜 소리뿐이었다. 내게 말할 기회도 안 주셨다. 다행히 전화번호가 떠서 다시 민원인께 전화해서 지번을 확인하고 출장을 나갔다. 잔뜩 정도는 아니었다. 수거하는 날이 정해져 있는데 그 사이에 청소 담당을 찾으신 것이다. 이사 온 지 얼마 안 되신 분이라 자초지종을 말씀드리고 정리했다. 또 다른 분은 주민센터에 오셔서 소리를 고래고래 지르셨다. 또 따라 나섰다. 당신의 집 골목 담벼락에 풀이 자란 것이다. 풀이 자란 것까지 청소 담당한테 뽑아 달라신다. 손 안 대고 코 풀려는 분들이 간혹 계시다. 그러나 나는 그런 것마저도 감사하다. 내가 동네를 순찰하다 미처 발견하지 못한 경우가 있다. 순찰을 돌았어도 그 사이에 무단투기가 이루어진 경우도 있다. 그럴 때 전화를 주시거나 찾아와서 말씀해 주시면 오히려 감사하다.

내가 동 주민센터에 발령받아 가장 크게 바뀐 것이 미화원들에 대한 시각이다. 구청에서 근무할 때는 직접 만날 일이 없었고, 그저 지나면서 스치기만 했기에 접촉하고 대면할 기회가 없었다. 그래선지 그다지 관심도 없었던 것이 사실이다. 그러나 내가 청소 업무를 하면서 미화원 아저씨들이 눈에 들어오고 그 분들을 대하는 마음가짐이 완전히 달라졌다. 그들은 매일 새벽을 깨운다. 가로 청소부터 시작해 행사라도 있는 날이면 행사 끝난 후 담배꽁초 하나 없이 다 치워야 한다. 더군다나 내가 근무하는 곳은 전통문화의 도시에 걸맞게 연중행사가 많은 곳이다. 그분들 말씀은 가을이 괴롭다고 하셨다. 은행잎이 떨어지면 미끄럽기 때문에 하루에도 수십 번씩 쓸어야 한다고 하셨다. 조금만 쌓이면 주민들은 시청이나 구청 상황실로 전화한다고 한다. 시간을 다투면서 처리해야 하고 궂은 날씨에 진동하는 은행 냄새까지 더해지는 날이면 밥맛을 잃어버린다고 한다. 아저씨들의 애로사항을 피부로 느끼다 보니 그들을 대하는 자세가 달라질 수밖에 없다.

우리는 늘 푸른 하늘을 보면서 당연하게 생각한다. 며칠 동안 미세먼지에 뒤덮여 있다가 비라도 내려 씻겨 내려가는 날에야 고마움을 느낀다. 항상 깨끗한 거리도 너무나 당연하게 생각한다. 누군가의 희생과 고마움은 안중에도 없다. 날마다 깨끗한 거리를 보여주는 그들의 노고를 생각한다면 조금이나마 감사한 마음이 들 것이다.

출·퇴근 때 마다 나도 모르게 습관이 생겼다. 예전에는 그냥 지나쳤을 주변 도로를 자연스럽게 둘러보게 된다. 골목길 모퉁이의 쓰레기더미도 자주 눈에 들어온다. 일종의 직업병인가 보다. "청소 담당이 체질이네!"라는 남편의 한마디에 엷은 미소를 머금는다.

내가 지금 근무처에서 만난 새로운 주민들, 그들은 나에게 있어 진정

소중한 사람들이다. 내가 베푼 한 번의 배려 대상자였던 민원인도 언제 어떻게 다시 만날지 모르는 휴먼인맥이며, 지구의 한 모퉁이를 청소하시는 미화원 아저씨들, 그들은 나의 든든한 지원군이자 새로운 인맥으로 자리하고 있다.

음지에서 사회를 지키는 사람들

나는 나를 사랑하고 나에게 주어진 일에 최선을 다한다. 나는 내 일터를 꿈 터로 생각한다.

나는 앞으로 후배들에게 모범을 보이는 공무원의 롤 모델이 될 것이다. 대한민국 최고의 공무원으로서 자신의 일터를 사랑할 수 있도록 말이다. 나는 지금껏 내가 맡은 일마다 각별하게 애정을 가지고 일해 왔다. 어차피 일은 해야 하고, 하루는 지나간다. 내 업무에서 즐거움을 찾지 않으면 하루가 지루할뿐더러 스트레스를 받게 된다. 자기 자신을 위해서도 하루가 즐거워야 한다. 일이 자신에게 맞지 않고 재미없다면서 불평하는 사람들 보면 대부분 그 원인이 당사자에게 있는 경우다. 이럴 경우는 최선을 다해 극복해야 한다.

수십 대 일의 경쟁을 뚫고 들어왔음에도 우리나라 공무원에 대한 대접이나 인식은 그저 그렇다. 그러다 보니 죽어라 공부해서 들어 온 신규 직원들도 가끔 불만을 토로하기도 한다. 우리 공무원들도 이젠 스스로 달라져야 한다. 안정적인 것만 생각하고 들어와서는 안 된다. 진정한 보람과 사명감을 가지고 일해야 한다.

와인 산업 진흥을 위한 단체인 '와인의 비전' 창립자 폴 돌런은《펫져 이야기》에서 펫져의 미션과 비전에 대해 다음과 같이 말했다.

"존경받는 기업이 되기 위해서는 최고의 성과를 낼 뿐만 아니라, 우리가 이 사회의 자랑스러운 일원임을 보여주어야 한다."

공직자도 마찬가지다. 신뢰받는 공무원, 주민을 위한 공무원이 되어야 한다. 공직 생활하다 보면 참으로 다양한 민원인들을 만나게 된다. 사람 상대하는 것처럼 어려운 게 또 있을까? 일이야 야근하면서 하면 되지만 민원인을 상대할 때는 그와는 또 다르다. 억지 부리며 떼쓰는 민원인, 무조건 와서 큰소리치면 되는 줄 아는 민원인, 안 되는 걸 자꾸 해달라며 조르는 민원인, 민원 제기를 취미로 하는 민원인, 공무원은 무조건 친절해야 한다며 억지 부리는 이들까지 참으로 다양하다.

그러나, 내가 여태까지 근무하면서 민원인을 응대하는 결론은 한 가지다. 민원인을 대할 때는 친한 친구 대하듯 하는 것이다. 친한 친구 만날 때는 즐겁다. 친한 친구와의 대화는 시간 가는 줄 모른다. 이야기 들으면서 적당한 리액션을 넣는다. 이렇듯 민원인에게도 친구 대하듯 하면 90퍼센트는 소통이 된다. 소통이 되면 그렇게 이상한 민원인은 없다. 간혹 민원 제기하는 것을 업으로 삼는 민원인도 정말 있기는 하다. 그런 분들이야 어쩌겠는가? 넘어가야 한다. 그런 억지 민원을 제기하는 사람 외에 생기는 트러블의 경우는 민원인을 대하는 공무원의 태도에 문제가 있다고 생각한다.

민원부서에 근무하는 동안은 민원인에게 친절한 것이 최고의 공무원이다. 기획부서에 근무할 때는 기획을 잘하는 것이, 행사부서에 근무할 때는 행사를 잘하는 것이 최고의 공무원인 것이다. 민원 보는 직원은 하루 종일 많은 사람을 상대하는 반면, 민원인은 자신의 일만 보고 가면 끝이기 때문에 가끔 불편한 대접을 받게 되면 불친절 공무원, 불친절한 관공서라고 생각하게 된다. 그렇기 때문에 한 번 찾는 민원인에게도 최선을 다해야 하는 것이다. 한결같이 웃는 낯으로 일한다는 것은 쉽지 않다. 나도 민원업무를 봤었는데 ─물론 지금도 민원업무다─ 몸이 힘들어도 웃어야 하고, 속상한 일이 있어도 드러내지 않아야 한다. 그러나 그럴 때, 민원을 응대하는 공무원의 저력이 나오며 평가가 나온다. 내가 공직에 있기 때문에 공무원을 예로 들었지만 어느 직장이든 마찬가지라고 생각한다.

"누구한테나 이무럽게 잘해라."

대부분의 사람들은 평범한 자리에서도 평범하지 않은 결과를 올릴 수 있다. 그러나 그것마저 못한 이유는 일에 임하는 태도다. 레오나르도 다빈치는 완벽한 타원형의 달걀 하나를 그리기 위해 수천 번 연습했다고 한다. 만약 자신의 일이 힘들고 지루하기만 하다면 '몇 번 그리다만 달걀 형태'에 머물러 있지는 않은지 돌아보아야 한다. 현재 자신이 처한 상황에서 최선을 다해야 한다. 그것이야말로 자신의 가치를 높이는 가장 빠른 길이다. 사회적으로 성공한 사람들이라고 해서 특별하게 시작하지 않았다. 우리랑 출발점은 같았고 단순하고 평범한 일부터 시작했다. 그러나 그들은 자신이 하는 일을 가장 소중하다고 생각했다. 그것이 결국 비범함을 만들어 낸 것이다.

땅 끝 가까운 촌에서 8남매의 막내로 자라면서 동네 어르신들께 사회성을 배웠다. 또한 공무원에 임용되었을 때 친정어머니의 첫 말씀이 "누구한테나 이무럽게 잘해라."라는 말씀을 아직까지 새겨듣고 실천하려고 노력하고 있다. 세 아이의 엄마로서, 한 남자의 아내로서, 주민에게 최선을 다하는 공무원으로서 '여기까지 오느라 고생했다.'라며 나 자신 스스로를 꼭 안아 준다.

사회에 첫발을 디딘 여러분!
직장생활 한지 얼마 되지 않은 푸릇푸릇한 신규직원인 여러분!
자신이 어떻게 행동하느냐에 따라 직장생활이 즐거울 것이며, 때론 고통스러울 것이다. 나는 여러분이 입사했던 그때의 초심을 잃지 않는다면 어떤 경우든 슬기롭게 헤쳐나가리라 믿는다. 직장에 들어온 것만으로도 내 보기엔 너무도 기특하고 오지다.

내가 하는
딸아이의 주례사

단 한 번이라도 사랑해 본 일이 있는 이상
그의 인생은 헛되지 않다.
· 샤르돈 ·

나의 버킷리스트 중 하나는 '새롭게 출발하는 100쌍의 신혼
부부에게 주례를 서는 것'이다. 주례라 하면 대부분 나이가
지긋하고 인생 경륜이 많은 사람들이 하는 경우가 대부분이다. 하지만
요즘은 주례 없는 결혼식도 많고, 나이에 국한되지 않고 하는 경우도 있
다. 조금 특별한 경우로는 신랑이나 신부의 부모가 주례를 서기도 한다.
주례는 신랑이나 신부에게 크게 감동을 줄 수 있는 사람이면 누구나 가
능하다고 생각한다.

친척이나 직장 동료, 지인들의 결혼식에 가면 언젠가부터 주례자에
게 눈길이 자주 갔다. 새로운 인생을 시작하는 이들을 위해 무슨 말을
하는지를 집중하여 듣게 된다. 그러다가 삼 년 전부터 '나도 결혼식 주례
를 하고 싶다'는 생각이 들었다. 통상적으로 결혼식 주례를 설 수 있는

나이가 아닌지라 늘 마음에 생각만 하고 있었던 것이다. 공저로 참여했던 《버킷리스트3》에 집필했던 것을 다시 옮겨본다.

어떤 주례사는 근엄하고 엄숙한 반면, 어떤 주례사는 굉장히 유쾌하고 웃음을 주기도 한다. 작년 겨울 조카 결혼식에서의 주례사가 가장 인상 깊었다. 강동구 명일동에 있는 ○○교회 ○○○ 목사님이 주례를 보셨다. 워낙 저명하신 목사님이시라 기대도 했지만 역시 감동과 유머가 어우러져 듣는 내내 가슴 뭉클했다가 웃었다가를 반복했다.

주례는 이처럼 예식의 분위기를 좌지우지할 정도로 중요하다. 요즘은 결혼식에 가면 눈도장만 찍고 결혼식이 시작되기도 전에 곧장 식당으로 향하는 경우가 많다. 친인척이나 친구들을 제외하고는 식장 안에서 끝까지 앉아 있는 경우도 많지 않다. 나 역시도 대부분 그래 왔는데 '주례를 해보고 싶다'는 생각이 든 후부터는 가급적 자리에 앉아서 듣곤 한다.

'주례를 선다'는 생각을 하면서 내 나름대로 주례사를 작성해보려다 색다른 상상을 해본다. 내 딸아이의 결혼식 주례를 엄마인 내가 서는 것이다. 갑자기 가슴이 떨려온다.

"먼저 신랑 ○○○군과 신부 김나연 양의 결혼을 뜨거운 마음으로 축복합니다. 만물이 생동하는 봄철, 특히 가정의 달 5월에 두 사람의 새 출발을 축복이라도 하듯 날씨도 눈이 부십니다. 저는 신부의 엄마입니다. 요즘에는 특별한 형식에 얽매이지 않고 결혼하는 경우가 많다면서 제 딸아이와 예비 사위가 부탁해서 제가 주례를 서게 되었습니다.

그동안 자식 농사를 잘 지어서 오늘 결실의 기쁨을 맛보게 해주신 사돈 어르신들께 진심으로 감사의 말씀을 드립니다. 또한 신랑 신부의 결혼을 축하해 주기 위해서 황금연휴임에도 불구하고 자리를 함께해 주신 친지와 모든 하객 여러분들께 주례로서 깊은 감사의 인사를 올립니다.

평소 제 휴대폰에 딸아이의 이름을 '내 자존심'이라고 입력해뒀습니다. 어릴 때부터 심성이 참 반듯하고 속이 깊은 아이였습니다. 부모와의 관계도 좋아 늘 대화를 잘하고 제가 큰소리 한번 친 적이 없었습니다. 이런 제 딸아이가 결혼을 한다고 했을 때 기쁨보다는 서운한 마음이 더 깊더라고요. 그러나 예비 사위도 제 아들처럼 마음에 꼭 들고 딸아이를 향한 지극한 사랑을 알기에 저는 오늘 두 사람의 주례로서 성스러운 결혼식을 함께 하게 되어 참으로 행복합니다.

신랑 ○○○군은 행정고시에 패스해서 현재 서울시청에서 근무하고 있으며 언제나 성실하고 활기 넘치는 생활을 하고 있는 장래가 촉망되는 청년입니다. 성격도 어찌나 싹싹한지 저와 제 남편에게도 아주 살갑게 잘한답니다. 특히 미래지향적이고 긍정적인 성격이 참 마음에 들었습니다. 신부인 제 딸은 고려대학교 사범대를 나와 현재 00공사인 공기업에서 근무하고 있습니다.

어떤 의미에서 결혼은 인생의 새로운 출발이면서 한 사람의 사회인으로서 성숙해 가는 과정으로 볼 수 있습니다. 오늘 이 자리는 두 사람이 여러 내빈들에게 하나의 성숙한 사회인으로서 제 몫을 다하겠다는 약속과 다짐을 하는 자리입니다.

결혼은 기쁘고 소중한 경사입니다. 그러나 이 기쁨의 의식을 거행하면서 한편으로 우리가 기억해야 될 것은 그에 따른 책임과 의무 또한 크다는 사실입니다. 두 사람 모두 우리 사회를 이끌어 갈 엘리트답게 훌륭하고 모범적인 가정을 꾸려나갈 것을 믿습니다만 부모로서, 인생의 선배로서 몇 마디 당부의 말씀을 드릴까 합니다.

먼저 '꿈이 있는 가정'을 만들어야 합니다. 두 사람은 결혼을 약속하면서 결혼생활의 꿈과 목표를 적어도 몇 개는 정했을 것입니다. 그러나 단지 꿈으로 끝나지 않기 위해서는 철저한 준비와 계획을 세워서 목표를 향해 노력하는 것이 필요합니다. 꿈과 목표는 막연한 바람이 아니라 두 사람의 무한한 노력이 있을 때 실현됩니다.

결혼을 '두 사람의 이인삼각 경기'에 비유하곤 합니다. 서로 호흡을 맞추지 못하고 서두르다 보면 몇 걸음 옮겨보지도 못하고 넘어지기 일쑤입니다. 만약 호흡을 완벽하게 맞출 수만 있다만 힘차게 뜀박질도 가능해서 남들보다 훨씬 더 앞서 나갈 수 있습니다. 물론 그 꿈을 실현해나가는 과정에는 생각과 달리 여러 가지 위험과 어려움이 닥치기도 할 것입니다. 그럴 때마다 두 사람이 서로 붙잡아주고 보듬어주면서 합심해 나간다면 순간적인 고난은 쉽게 극복해 나갈 수 있을 것입니다.

경제적인 용어를 빌리자면 결혼은 '대체재가 아닌 보완재'가 되어야 하는 것입니다. 지금 이 순간부터 두 사람의 가정에 원대한 꿈과 희망으로 넘쳐나게 노력하십시오. 그리고 그 꿈을 향해 한 발자국씩 전진해 나가기를 바랍니다.

독일 격언에 '결혼은 쉽고 가정은 어렵다.'라는 말이 있습니다. 아름다운 사랑으로 맺어진 결혼도 살다 보면 서로 다른 가정환경, 취미, 가치관과 성격의 차이 등으로 불협화음이나 갈등이 생겨나게 됩니다. 얼마 전 라디오 방송을 듣다 보니까 "행복한 가정을 위한 가장 중요한 요소가 무엇이라고 생각합니까?"라는 설문조사에 '가정의 화목'이라는 답변이 1위를 차지했습니다. 이처럼 가정은 우리 삶에 있어 가장 소중합니다.

제가 또 한 가지 강조하고 싶은 점은 '가정이 화목하고 안정되려면 민주적인 방식으로 꾸려나가야 한다'는 것입니다. 지금 청춘들은 네가 할 일, 내가 할 일 구분 없이 서로 도와가기 때문에 염려는 하지 않습니다. 다만 신랑에게 당부하고 싶은 말은 가정의 일상적인 일들을 '둘이 같이 하라'는 것입니다. 저 역시도 평생을 직장생활을 해오고 있습니다. 이렇게 즐겁게 직장 생활을 할 수 있었던 것은 남편의 외조 덕분입니다. 세 아이를 낳고 키우면서 직장 생활을 병행하기가 녹록지는 않았습니다. 남편이 다림질이나 빨래 등을 도와주지 않았다면 너무 힘들었을 것입니다. 저는 어렸을 때부터 아들에게도 음식물 쓰레기를 버리게 하고, 빨래도 함께 널었으며 청소도 함께 했습니다. 그러면서 아이들과 소통했습니다.

바라건대 신랑도 신부를 도와가면서 즐겁게 살아가길 바랍니다.

　마지막으로, 사회를 먼저 경험하신 부모님의 지혜와 가르침을 배우고, 공경과 효도를 꼭 주문하고 싶습니다. 신랑 신부는 지금까지 사랑으로 키워주시고 가르쳐주신 부모님께 정성으로 효도를 다 해야 합니다. 부모님에 대한 존경과 효는 인간의 윤리 중에 으뜸이고, 가정을 평화롭게 만드는 원동력이기 때문입니다. 하루가 다르게 변모하는 변화무쌍한 세상에서 가치관의 차이로 인해 자칫 부모님들과 충돌이 빚어질 수도 있지만 근본은 변한 게 하나도 없습니다.

　두 사람은 오늘 결혼을 함으로써 또 하나의 새로운 가족관계가 생겨나게 됩니다. 사위가 아닌 아들로서, 또 며느리가 아닌 딸의 마음으로 양가 부모님을 대한다면 사랑이 넘쳐나는 가족을 만들어 갈 수 있을 것입니다. 특히 여러분의 결혼을 진심으로 축하해 주시는 선후배와 친지 분들에게 고마운 마음을 가슴 깊이 간직하시기 바랍니다. 하객 여러분께서도 두 사람이 꾸려 나갈 새 가정을 계속 지켜봐 주시고 언제나 따뜻한 충고와 격려로 이끌어 주시길 부탁드립니다.

　아무쪼록 두 사람은 지금까지의 애정을 앞으로도 더욱 소중히 가꾸어 나가고, 가정과 직장에서 나아가 국가와 사회에 선한 영향력을 끼칠 수 있기를 당부합니다. 다시 한 번 사랑하는 두 사람의 아름나운 결혼을 축하하면서 주례사를 마칩니다. 감사합니다.”

생각만으로도 설레고 기쁘고 뿌듯하다. 특히 일반적인 주례가 아닌 내 딸아이의 주례를 내가 직접 선다고 생각하면서 글을 쓰다 보니 눈물까지 핑 돈다. 큰 문제없이 잘 자라온 내 딸아이의 주례를 서 본다는 상상만으로도 너무 황홀하다.

성혼 선언문

"신랑 ○○○군과 신부 ○○○양은 그 일가친척과 친지를 모신 자리에서 일생동안 고락을 함께 할 부부가 되기를 굳게 맹세하였습니다.

이에 주례는 이 혼인이 원만하게 이루어진 것을 여러분 앞에 엄숙하게 선언합니다."

○○○○년 ○월 ○일

주례 이연우

나는야 책 쓰는 공무원

수년 전부터 내 이름으로 된 저서를 갖고 싶었다. 책을 출간하기 위해 글을 쓰는 작업은 무척 고되고 전문적인 일이라 치부하고 그저 머릿속에서 꿈만 꾸고 있었다. 그러다 우연히 공동저서에 참여하게 되었다. 공저를 마치고 내게는 작은 것부터 큰 것까지 많은 변화가 있었다. 나에게 가장 큰 변화는 첫째, '나도 이제 책을 출간한 저자구나!'라는 자신감이었다. 작가나 저자라는 직업은 특별한 사람들의 전유물로만 생각했는데 공저로 책을 출간하고 보니 충분히 할 수 있다는 자신감이 든 것이다. 둘째, 공저의 힘을 받아 개인 저서를 집필해야겠다는 생각이 들었다. 그러면서 어떤 콘셉트로 책을 써야 하나 며칠 동안 고민을 거듭했다. 그러다 10대인 아들을 위한 책을 쓰고 싶다는 생각이 들어 목차를 잡기 시작했다.

책을 출간하려고 맘먹으니 의욕에 불타면서 마음이 급해졌다. 고등학교 3학년 큰딸과 초등학교 3학년인 막내딸 사이에 있는 중학교 3학년 아들에게 선물을 해줘야겠다는 마음으로 초고를 써내려갔다.

하루에 한 꼭지 쓴다는 목표를 세웠다. 저녁 약속은 거의 하지 않고 퇴근해서는 책을 읽으면서 원고를 써 내려갔다. 짧게 데드라인을 정해두고 집필을 했는데 그 사이 설 명절이 끼었다. 나는 황금 같은 명절 연휴를 알차게 이용했다. 차례를 5분 거리인 큰댁에서 지내는지라 일찍 내려가 부침개 부치고, 튀김 해놓고 재빨리 집에 올라와 원고를 썼다. 설 당일엔 세배만 하고 뛰어 올라와 쓰고, 저녁 먹으라고 내려오라하면 배 아파서 못 먹겠다고 하면서 컴퓨터 앞에서 집필을 해 나갔다.

명절이면 밥 먹고 화장실 가는 것만 빼고 온 가족 둘러앉아 고스톱 치면서 노는데 나는 소화가 안 된다. 머리가 아프다는 핑계로 가지 않고 원고 작업을 한 것이다. 그렇게 전력투구해 초고를 얼추 완성했다. 몇 차례의 교정과정을 거쳐 탈고를 끝내고 출판사에 원고를 투고했다. 투고 과정에서 있었던 일련의 것들은 내가 앞으로 글을 쓰는 데 많은 도움이 되었다. 운 좋게도 나랑 인연이 닿은 한 출판사와 출간 계약을 하게 되었다. 드디어 내 개인 저서가 생긴 것이다. 그렇게 출간된 책이 첫 개인 저서 《꿈꾸는 애벌레》다.

출간 계약을 하고 난 후의 기분이란 이루 말할 수 없을 만큼 기뻤다. 계약 당일은 미세먼지가 뒤덮여 하늘이 온통 회색빛이었지만 내 눈에는 너무도 맑고 허공에 떠도는 미세먼지를 다 둘러 마시고 싶을 정도로 좋았다. 살짝 뛰어오르면 양 허리에서 날개가 돋쳐 하늘을 날 것만 같았다.

기분이 무척이나 좋아 남편한테 "자기, 나 출간 계약했어!"라고 문자를 보내자 "축하해!"라는 답이 왔다. 덜렁 세 자였지만 평소 남편으로 봐선 크게 인심 쓴 것이다. 원고 집필하는데 소 닭 보듯 했지만 그래도 내가 책을 읽고, 글을 쓰는데 인정해 준 것만도 고마웠다. 아이들에게 신경 못 쓰고 밥숟가락 놓자마자 컴퓨터 앞에 앉아 있는 날이 태반이었는데도 군소리 한 번 없었던 것도 고마웠다.

지난날 꿈으로만 꾸었던 것이 현실이 되는 순간이었다. 도전하지 않고 꿈만 꾸었다면 어떻게 되었을까? 안정적인 직업이라는 공무원에다 세 아이를 키웠다는 것으로 위안 삼으며 끝났을 것이다.

우리는 왜 도전하는가

많은 부분에 있어서 안정적인 나로서는 무엇인가 새롭게 도전한다는 것은 큰 용기가 필요했다. 더군다나 글을 쓰고 책을 낸다는 작업은 더 많은 노력과 시간적 에너지가 필요했다. 수개월 동안 주말을 반납하고 컴퓨터 앞에서 집필 작업을 하다 보니 살이 찌고 무릎 관절도 뻐근하니 아팠다. 가끔 부정적인 생각들이 올라올 때면 끊임없는 자기암시로 마음을 다잡았다. 그런 시간이 지나 책이 출간되고 나니 그 대가는 너무도 달콤했다. 그 달콤함이 또다시 내게 집필할 수 있는 힘을 실어 주었다.

마크 트웨인은 "앞으로 10년 후에 당신은 저지른 일보다는 저지르지 않은 일 때문에 더 실망할 것이다. 그러니 밧줄을 풀고 안전한 항구를 벗어나 항해를 떠나라. 돛에 무역풍을 가득 담고 탐험하고, 꿈꾸며, 발견하라.

일을 저질러라. 현실에 안주하지 말고 무언가를 하라."라고 말했다.

나는 그렇게 불혹이 훨씬 넘은 나이에 책쓰기에 도전했다.

'도전'하면 떠오르는 사람이 세계 속의 산악인 엄홍길 씨다. 아시아 최초로, 인류 역사상 8번째로 히말라야 8,000m급 14좌에 완등 했고 8,000m급의 위성봉 얄룽캉을 완등 했다. 신들의 영역이라 불리는 해발 8,000m 이상에서 너무 힘들다 보니 환각 증세까지 일어났다고 한다. 2007년 5월 31일 8,400m의 로체샤르도 완등하면서 세계 최초로 16좌 완등에 성공했다. 14좌를 완등한 사람은 세계적으로 12명이 있는데 유일하게 대한민국이 3명을 보유하고 있다. 그는 이 등반에 대해 "한국인의 끈기와 근성이 있기 때문이다."라고 했다.

1년 중 6개월을 등정에 쏟는 기간 때문에 대부분의 산악인들은 가족의 생계를 책임지기 어렵다. 전문 산악인은 보험에도 들 수 없다고 한다. 보험 약관에 전문 산악인은 가입할 수 없다는 규정 때문이다. 서양 국가들의 경우 기업, 사회 전반적으로 도전 정신, 모험 정신이 바탕이 된 문화, 스포츠 분야에 대해서 적극적으로 지원하는 경우가 많은 데 비해 우리나라는 아직 부족하다.

8,000m의 산에서는 산소가 해수면의 1/3 가량에 불과하기 때문에 두세 발 움직이고 나서 3~5분간 숨을 거칠게 쉬어야 다음 한 발을 내딛을 수 있고 체력도 금방 고갈된다. 평균 기온이 영하 30~50도가량 되어 손끝과 발끝은 감각이 사라진다. 거기에 환각 증세가 일어나 옆에 동료가 말을 시키는 것 같은 환청이 들리거나 꿈을 꾸기도 하며 이 상황에서 사

고가 일어나기도 한다.

그가 등반을 끝까지 포기할 수 없었던 이유에 대해 끊임없는 자기암시라고 말했다. 목숨이 끊어지는 순간까지 포기하지 않는 암시와 가족들을 생각하면서 견뎌 냈다고 했다. 원고 집필하면서 성공한 사람들의 책을 많이 읽고 동기부여를 받았다. 그중 한 명이 엄홍길 산악인인데 평소 좋아해선지 느낌이 남달랐다. 개인적인 팬인 프로골퍼 최경주 선수와 함께 꼭 한번 만나고 싶은 사람 중의 한 명이다.

달인으로 불리는 김병만. 병만의 키는 보통 사람보다 훨씬 작다. 작은 키 때문에 여기저기서 퇴짜 맞고 허드렛일만 한데다 오디션에서도 수십 번 떨어졌다. 그렇지만 거기에 굴하지 않고 개그맨이 되기 위한 노력을 그치지 않았다.

내가 본 김병만의 실력 중 가장 감동받았던 것은 〈외줄 타기를 하는 달인〉이었다. 〈외줄 타기를 하는 달인〉코너는 고작 4~5분짜리인데 그 짧은 시간을 위해 얼마나 많은 연습을 했을까? 외줄은 높이 3m, 길이 35m로 고도의 기술을 요한다. 시청자들한테 실수하지 않기 위해 피나는 연습을 했을 김병만에게 우리는 프로의 자세를 볼 수 있다. 시청자들의 사랑을 한몸에 받았던 장수 코너인 〈달인〉을 하면서 한 번도 NG가 없었다고 한다. NG를 내지 않기 위해서 녹화 직전까지 치열하게 연습했다고 한다. 〈개그 콘서트〉 촬영을 마치고 나면 너무 아파 제대로 누워서 잠도 못 잤고 〈정글의 법칙〉을 촬영할 때는 온몸에 벌레 물린 것부터 온통 상처투성이로 임한 적이 많았다고 한다. 하지만 병만은 즐겁고 행복했다. 왜냐하면 자신이 하고 싶어 하는 일을 마음껏 할 수 있었기 때문이다. 그의 도전 정신은 계속될 것이다. 그런 그의 모습에서 많은 사람들이 감동받고 동기부여된다.

여러분은 이제 시작이다. 무엇인가 도전하는 데 걸림돌이 없는 나이다. 도전은 자신을 성장시킨다. 1퍼센트의 가능성만 있어도 시도해보자. 도전도 습관이다. 사람은 제 자리에서 만족하고 안주하려는 관성의 법칙에 따라 변화를 두려워한다. 그럼에도 불구하고 많은 사람들은 도전하고 또 도전한다. 그런 사람이 성공하는 것은 자명한 일이다. 신기하게도 도전하는 습관을 들이다 보면 계속해서 도전하는 마음이 생긴다.

나 역시 공저로 책을 펴내고 나니 개인 저서를 써야겠다는 새로운 목표가 생겼다. 그리고 집필을 완료하고 출간했다. 반응도 좋다. 그리고 두 번째 개인저서인 이 책이 출간되었다. 삶에 활력이 넘치고 감사함이 샘물처럼 솟는다. 그러다 보니 표정이 밝아지고 하는 일마다 잘 된다. 주변에 꿈 친구들이 늘어난다. 그래서 아마도 잘 되는 사람은 늘 잘 되고, 안 되는 사람은 항상 안 되는 것이 아닐까? 나는 계속해서 글을 쓸 것이다. 지금은 자기계발서를 쓰고 있지만 다양한 장르에 도전할 생각이다. 자녀교육서, 비전과 리더십 관련 책까지 나의 도전은 계속 된다.

두려울 것 없는 도전, 이젠 여러분 차례다.